Histoire de la neuvième armée

Aimé Doumenc

© 2024, Aimé Doumenc (domaine public)
Édition : BoD • Books on Demand GmbH, In de
Tarpen 42, 22848 Norderstedt (Allemagne)
Impression : Libri Plureos GmbH, Friedensallee
273, 22763 Hamburg (Allemagne)
ISBN : 978-2-3225-4391-5
Dépôt légal : Août 2024

GÉNÉRAL D'ARMÉE
A. DOUMENC

HISTOIRE
DE LA
NEUVIÈME ARMÉE

B. ARTHAUD

GRENOBLE PARIS (VIe)
23, Grande-Rue 6, rue de Mézières

JUSTIFICATION DU TIRAGE :

DE CET OUVRAGE, IL A ÉTÉ TIRÉ
DEUX CENTS EXEMPLAIRES
SUR VÉLIN A LA FORME
DES PAPETERIES DE RIVES,
NUMÉROTÉS DE 1 A 200.

Tous droits de reproduction et de traduction
réservés pour tous les pays, y compris la
Suède, la Norvège, la Hollande, le Danemark
et l'U. R. S. S.

Copyright by B. Arthaud, 1945

PRÉFACE

La délivrance de la Patrie permet aujourd'hui de publier cet ouvrage achevé d'écrire en 1942. Il est juste que la gloire des armées libératrices ne fasse pas oublier nos heures d'épreuve.

Le lecteur trouvera dans les pages qui vont suivre le tableau de la bataille qui, du 12 au 18 mai, mit aux prises la plus forte masse des divisions blindées allemandes avec les troupes de la seule 9ᵉ Armée française, et aboutit à la destruction totale de cette armée. Elles montrent quelle fut la conduite de nos troupes et l'action de notre Commandement au cours de cette lutte inégale, menée à l'avant-garde des forces futures des nations unies.

L'exactitude des faits a été très soigneusement contrôlée, alors qu'il était encore possible de comparer de nombreux témoignages et de consulter les quelques archives qui subsistaient. Puisse ce simple récit, qui ne saurait avoir toute la précision et l'ampleur d'une œuvre documentaire définitive, prendre cependant place dans l'histoire générale de la seconde guerre mondiale !

Mais, déjà, l'on compare l'avance allemande de mai 1940 avec la foudroyante réplique menée à bien par les armées alliées en août 1944; on note qu'il y a même distance entre Sedan et Saint-Quentin qu'entre Avranches et Argentan; on reconnaît que nos troupes, si désemparées qu'elles fussent devant la puissance d'armement des assaillants et leur maîtrise totale du ciel, avaient été valeureuses dans leurs efforts de résistance.

Que l'amertume des combattants de ces rudes journées se dissipe au soleil de la victoire!

Septembre 1944.

En marquant notre gratitude à tous ceux, connus ou inconnus, dont les rapports, comptes rendus ou mémoires ont fourni des renseignements précis sur le rôle et l'action des troupes engagées sur cette partie du front, nous remercions particulièrement le colonel Corlieu pour l'aide qu'il nous a donnée dans l'utilisation de cette documentation.

CHAPITRE I

CONSIDÉRATIONS GÉNÉRALES
SUR LES ARMÉES EN PRÉSENCE
AU MOIS DE MAI 1940

Leurs revers de 1918 n'avaient ôté aux Allemands ni la volonté ni l'espoir de dominer le monde. Ceux qui, dans le secret, préparaient les futures conquêtes, mirent toute leur habileté à rechercher les causes de leurs déceptions de la Grande Guerre, et à les écarter pour l'avenir. L'armée allemande de 1914 avait laissé le souvenir d'une force de guerre incomparable, et digne d'avoir inspiré à ses chefs pleine confiance; cependant, après avoir remporté des succès immédiats et éclatants dans les premiers combats, elle avait vu pâlir son étoile à la bataille de la Marne, et plus jamais, par la suite, n'avait pu obtenir de résultats décisifs sur le front de France. Ainsi les calculs du Grand Etat-Major impérial, quelque fermes qu'aient été leurs bases, s'étaient trouvés déjoués; et le seul échec de septembre 1914, s'il n'avait aucunement ruiné le corps de bataille germanique, avait donné une solidité nouvelle au bouclier qui allait désormais couvrir la réunion des forces alliées, jusqu'à leur triomphe final.

Il fallait donc, dans la guerre future, se prémunir contre pareil risque, en mettant totalement hors de cause, et dès les premiers chocs, l'armée française. Au surplus, l'analyse des faits montrait combien peu s'en était fallu que les armées allemandes de 1914 eussent été victorieuses à la Marne. Quelques divisions de plus, à leur aile droite, auraient assuré à von Klück une telle prépondérance locale de moyens, que la manœuvre enveloppante projetée eût obtenu son plein effet, et abouti à la dislocation de l'armée française. D'où la conclusion qu'il fallait posséder, lors de la première bataille où l'on se mesurerait avec celle-ci, une supériorité d'effectifs et d'armement qui dépassât de beaucoup celle de 1914; on y devait parvenir en multipliant nos causes d'affaiblissement, tandis que tout serait mis en œuvre pour posséder la plus incomparable machine de guerre.

La première des faiblesses de l'armée française tenait à ses difficultés d'effectifs. Nul n'ignorait que, pour mobiliser un nombre de divisions qui lui permît de mener une bataille depuis la mer du Nord jusqu'à la Suisse, elle était obligée, à cause de la situation démographique du pays, d'appeler sous les drapeaux, au moment de la guerre, beaucoup d'hommes de classes anciennes, donc de valeur moindre, et de nom-

ARMÉES EN PRÉSENCE MAI 1940

breux contingents d'indigènes nord-africains ou coloniaux. Ces deux catégories de ressources restaient limitées : l'une était restreinte par la nécessité d'organiser une production industrielle de guerre et de maintenir la vie agricole; l'autre, par l'encadrement français qu'elle exigeait et qu'il fallait prélever sur les contingents nationaux. Aussi la France ne pouvait-elle que de justesse, sur ce vaste théâtre d'opérations que la nature lui imposait, aligner les effectifs indispensables. La preuve en était donnée par les dépenses considérables de fortifications que nous faisions, dans l'intention évidente d'économiser des forces, pour disposer de réserves dans la bataille. Le maintien, en temps de paix, sur le territoire métropolitain, de divisions nord-africaines et coloniales répondait à cette même nécessité. Tout devait donc être tenté pour nous obliger à disperser, sur des théâtres d'opérations secondaires, une partie de nos effectifs. Telle est l'explication de la politique espagnole et italienne du troisième Reich. Il ne lui était pas davantage indifférent de choisir pour date de la future entrée en guerre, l'époque dite des « classes creuses », où la dénatalité causée par la Grande Guerre augmenterait notre gêne.

A l'inverse, le problème d'un accroissement massif des effectifs allemands pouvait être résolu. Il le fut magistralement, puisque l'Allemagne parvint, par une longue suite de dispositions contraires au traité de Versailles, à posséder, au printemps de 1940, deux cents divisions encadrées, armées et instruites. Aux mesures d'ordre intérieur, qui, soigneusement calculées, permirent, sous des apparences diverses, de former les cadres (1) et d'entrainer la troupe, s'ajoutèrent des succès extérieurs aboutissant tous à des accroissements d'effectifs; telles furent les annexions de l'Autriche et des Sudètes. Telle fut surtout la manœuvre stratégique, soutenue par la plus audacieuse action politique, qui aboutit à supprimer, au moment opportun, tous les théâtres d'opérations secondaires, de façon à pouvoir amener à la bataille de France la quasi-totalité des forces allemandes.

Les modalités de cette manœuvre longuement préméditée restent présentes à la mémoire de tous nos lecteurs. On mit d'abord hors de cause la Tchécoslovaquie. Cette exécution faite, il fallait qu'on se débarrassât du théâtre d'opérations polonais, avant qu'aucune opération décisive n'eût lieu à l'ouest, donc qu'on mit l'armée française dans l'impossibilité de faire en terre allemande une offensive puissante. D'une part les diplomates avaient eu l'art de détacher la Belgique de l'alliance anglo-française, et de la ramener à la neutralité stricte qui ne permettait pas aux alliés d'utiliser préventivement son territoire; d'autre part,

---

(1) Le problème de l'encadrement des unités de formation passa longtemps pour être la pierre d'achoppement de la rénovation militaire de l'Allemagne; c'était une question de nombre d'officiers et de sous-officiers à instruire, facile à résoudre, dès qu'on ne cacha plus rien. Nous avions également des faiblesses d'instruction que le gros effort fait dans les dernières années pour les Ecoles de perfectionnement n'arriva pas à faire complètement disparaître.

le grand état-major allemand, dès qu'il fut établi que la réoccupation militaire des provinces rhénanes n'était pas un *casus belli*, y fit construire, dans les délais les plus courts une très puissante position défensive entre Rhin et Moselle, et qu'on prolongea même quelque peu vers le nord. Ainsi se trouvèrent obtenues les sûretés nécessaires pour mener à bien la guerre préliminaire faite à la Pologne. Mais, du même coup, l'Allemagne obtenait beaucoup plus encore : l'importance des forces qu'elle pouvait ainsi consacrer initialement à l'attaque brusquée de l'armée polonaise, avant même que celle-ci ne fût mobilisée, constituait la menace la plus grave contre la Russie, aussi convaincue de la force allemande que de la faiblesse polonaise, et dont la mise sur pied de guerre n'a jamais cessé d'être longue et difficile. Cette considération a été du plus grand poids, pour que le Reich obtint de la Russie les garanties qui allaient lui donner libre emploi de ses forces vers l'ouest.

La deuxième cause d'affaiblissement de l'armée française était la nature de son armement. Elle avait soigneusement conservé, (puisque le traité de Versailles n'avait désarmé que les vaincus), les canons, les chars de combat, voire même, pendant nombre d'années, les avions, auxquels elle avait dû ses succès de 1918. C'était là une mesure de prévoyance qu'avaient négligée les autres armées alliées : l'armée britannique n'avait ni remplacé ni conservé son matériel; les dépôts de l'armée américaine ne contenaient plus en 1940 que quelques centaines de canons de la Grande Guerre. Mais, après vingt ans, cet héritage du passé gardait-il sa valeur? Car il était inéluctable que le gouvernement de Berlin, résolu au coup de force dont il attendait la maîtrise du monde, se mît en mesure de doter la masse de ses combattants, déjà supérieure par le nombre, de l'armement le plus puissant et le plus moderne!

Maître de l'heure, dictateur de l'industrie allemande, le nouveau maître du Reich ne se devait-il pas à lui-même de tirer tout le bénéfice des derniers progrès tactiques et techniques, en lançant, dans les délais choisis, la fabrication de ces matériels neufs, dont la quantité et l'efficacité surprendraient l'adversaire ?

Une fois le départ donné à de telles productions en grande série, est-ce que la France, avec des moyens industriels plus de deux fois moindres, pourrait jamais créer, usiner, amener au combat rien de comparable? Qu'importe qu'elle connût bientôt l'orage qui devait se déchaîner sur sa tête, par la double menace d'une guerre totale et d'une guerre éclair! Il lui serait mathématiquement impossible de jamais compenser son infériorité numérique, en disposant d'un armement qui fût moderne; elle ne pourrait pas davantage l'acquérir chez ses alliés d'hier ou de demain, dont l'industrie, si puissante fût-elle, exigeait de longs délais avant d'être organisée pour la production de guerre. Ainsi défini, le jeu fut conduit avec astuce; car s'il est aisé, dans ce monde, à qui prémédite l'usage de la force, de tout combiner pour s'en donner les avantages, il reste la part du hasard qui peut compromettre les calculs les plus habiles; on organisa donc, comme une parade propice, l'œuvre de la cinquième colonne, celle qui sort de terre au bon moment; des voix s'élevaient à Genève pour s'opposer à nos velléités de réarmement; les troubles sociaux s'attisaient, qui paralysaient les élans de notre industrie.

Quelle conjonction d'efforts persévérants dans l'aboutissement d'un tel plan! L'encre du traité de Versailles était à peine sèche que, déjà, la petite armée laissée au Reich entreprenait des exercices autour de ses garnisons, et fondés sur l'emploi de tous les armements interdits. Bientôt y apparurent des simulacres en bois qui tenaient le rôle de chars de combat. Le vol à voile prit, dans tous les pays d'outre-Rhin, le développement qui correspondait aux futures écoles d'aviateurs. Le Grand Etat-Major, quoiqu'il fût supprimé, vivait suffisamment pour démontrer, dans ses livres de stratégie, qu'il avait été infaillible, au cours des guerres du passé, et, dans ses règlements tactiques, qu'il édifiait la meilleure doctrine d'emploi des matériels dont serait dotée l'« armée moderne ». Les prototypes desdits matériels furent soigneusement établis, pour les approprier à la fois aux manœuvres qu'on envisageait, et à la rapidité des fabrications. On prépara, dans le détail, la mise en train de celles-ci, sans discussions stériles sur des améliorations ultimes. En fin de course, on eut l'habileté de combler les derniers vides du programme, en s'appropriant, du même geste, l'armement et les usines de la nation tchécoslovaque.

Les autorités militaires françaises avaient-elles ignoré l'état d'esprit, la besogne intellectuelle, et les préparatifs dissimulés de ce grand état-major qui subsistait malgré Versailles? Pas le moins du monde; bien renseignées, elles tinrent très exactement notre gouvernement au fait des manquements au traité, constatés chaque jour, et soupçonnèrent, en temps opportun, toute la mise en train des fabrications de guerre. On ne les écouta pas volontiers, parce qu'on voulait croire au maintien de la paix. Placés nous-mêmes devant l'alternative grave ou d'être devancés, ou de faire, au grand jour, des préparatifs de guerre, il était fatal qu'on s'en tînt à des mesures d'attente, où les fabrications en grande série avaient trop peu de part. Sans doute, avions-nous pris grand soin de maintenir en état nos canons de la victoire, munitions comprises, et tous nos chars de combat de 1918; mais l'existence même de prototypes, fruits de longues études, montrait le vieillissement de ces richesses. Dans la limite de budgets réduits, nous avions renouvelé notre matériel d'infanterie, et constitué une première dotation d'engins antichars, et de canons antiaériens; quant aux énormes dépenses que représentait un programme complet d'avions, de chars de combat et de canons, comment nos partis politiques eussent-ils fait comprendre leur nécessité à l'opinion, tant que l'armement de nos voisins n'apparaissait pas au grand jour? Et cependant, il éclatait aux yeux, que si, dans cette course, nous prenions le départ en même temps qu'eux, leur puissance industrielle leur assurerait une supériorité qui irait en s'accroissant, tant que nous resterions limités aux seules ressources de notre industrie nationale.

Il eût donc fallu prendre les devants, depuis de nombreuses années : quelle administration des finances eût accédé à cet acte de précaution? Qui ne nous eût reproché d'appeler la guerre en la préparant? Nos alliés de 1918 nous avaient-ils soutenus, lorsqu'il s'agissait seulement d'exiger la stricte exécution des clauses militaires du traité de Versailles?

Au reste, tous nos combattants de la Grande Guerre n'étaient-ils pas rentrés dans leurs foyers, en proclamant qu'elle devait être la dernière des guerres? C'est dans cette foi pacifiste qu'avaient vécu ceux qui constituaient la masse de nos troupes de 1939, et il fallut du temps pour comprendre qu'une fois de plus, l'invasion était à nos portes, et la Patrie en danger.

**

Les champs de bataille avaient vu apparaître, depuis 1915, successivement et bientôt sous forme massive, trois nouveaux modes de destruction : c'étaient les bombardements aériens, les gaz asphyxiants et les engins blindés. Quel devait être leur avenir? Nous ne parlerons ici de l'aviation, que dans la mesure du rôle immédiat qu'elle a joué, au cours des opérations terrestres qui font l'objet de notre récit; nous n'avons donc qu'à mentionner le développement immense qu'elle allait prendre. Quant aux gaz asphyxiants, si redoutables qu'ils parussent, on risquait, à en généraliser l'emploi, des représailles immédiates, que rendaient possibles la rapidité de fabrication des produits toxiques et la simplicité de leur mise en œuvre. Les engins blindés pouvaient, au contraire, donner des assurances de victoire indiscutée, car les Allemands gardaient le pénible souvenir de s'être trouvés impuissants contre les attaques des tanks britanniques, et de nos propres chars de combat. Le soin même que les alliés avaient eu de leur en interdire l'usage, les incita à en faire le fondement de leur tactique nouvelle, celle dont ils attendaient des effets foudroyants. Il paraît donc indispensable de retracer, à grands traits, comment s'est établie la doctrine d'emploi de ces nouveaux maîtres du terrain de combat.

Le général Estienne, qui fut l'inventeur, le réalisateur et le chef de nos chars de combat, avait conçu leur emploi en 1915, alors que toutes nos attaques étaient brisées par les mitrailleuses ennemies fauchant les rangs de notre infanterie, au moment de l'assaut. Il avait voulu constituer une « artillerie d'assaut », dont les canons, marchant avec notre première ligne, iraient détruire les mitrailleurs dès qu'ils sortiraient de leurs abris pour tirer, au moment même où notre artillerie lointaine était précisément obligée d'allonger son feu, pour éviter d'atteindre nos propres fantassins.

La pratique de la bataille eut tôt fait de montrer

que les chars étaient capables, à eux seuls, de s'emparer de la position ennemie, sur laquelle ils se portaient, et de la tenir, en attendant que notre infanterie vînt les y relever. Suffisamment nombreux, ils pouvaient donc mener l'action de bout en bout, avec les avantages que leur donnaient leur armement, leur vitesse et leur cuirasse. Bien plus : après un combat heureux, ils étaient en mesure d'entreprendre une poursuite immédiate, et de jouer à nouveau le rôle qui était jadis l'apanage de la cavalerie, en portant le profit de la victoire jusqu'à la destruction de l'ennemi battu.

Mais dès que les chars dépassaient, dans cette mission nouvelle, le terrain de combat où pouvaient agir nos feux d'artillerie, ils se trouvaient aux prises avec des canons ennemis en position, souvent couverts par des obstacles, et fort gênants. L'idée vint de demander l'appui de l'aviation, et de remplacer par ses bombes les obus qui se seraient fait trop longtemps attendre. Ces conceptions firent l'objet de nombreux exposés sur le papier, sur la carte, sur le terrain, et prirent même une place, au moins épisodique, dans l'enseignement de notre Centre des Hautes Études militaires, au cours des années qui suivirent 1925.

En même temps, le général Estienne resta chargé, tant qu'il vécut, de poursuivre l'établissement, sous forme de maquettes, et de prototypes, des « cuirassés terrestres » de l'avenir, avec des qualités de combat de plus en plus développées. Désormais l'équipage disposerait d'un champ de vision vaste et clair, de feux puissants, à longue et courte portée, d'un blindage à l'épreuve des projectiles perforants, et d'un rayon d'action très accru. Nous eûmes, avec le char B, dû à la collaboration de nos meilleurs constructeurs, un premier modèle excellent, qui, associé à des blindés de plus faible tonnage, et à une artillerie tous terrains, pouvait former l'élément constitutif de nouvelles grandes unités, dites cuirassées, et capables de mener le combat de bout en bout.

Les Allemands firent des projets analogues; mais, comme ils avaient à constituer de toutes pièces leur armement, ils accueillirent avec d'autant plus de faveur cet emploi de l'aviation, pour suppléer l'artillerie, qu'il est beaucoup plus facile de constituer rapidement de gros approvisionnements, en bombes de tôle, qu'en obus d'acier. La guerre civile en Espagne leur donna l'occasion d'expérimenter l'efficacité de cette tactique; ils mirent soigneusement au point tous les accessoires dont elle a besoin, et particulièrement la transmission par téléphonie sans fil des renseignements et des ordres. Le bombardement en piqué y ajouta ses effets précis et puissants.

Ainsi naquirent les « Panzerdivisionen », qui, fortement dotées, dès l'origine, d'engins blindés de toutes catégories (de l'ordre de quatre cents par division), furent portées progressivement au nombre de dix, atteint dans l'hiver 1939-1940. La guerre de Pologne en avait montré toutes les qualités tactiques; elles perfectionnèrent encore leurs procédés de combat, au cours des mois qui suivirent. En face d'elles, et malgré l'effort vraiment digne d'éloges de notre industrie métallurgique entre 1936 et 1940, notre première « division cuirassée de réserve » n'avait pris naissance qu'en 1939, et nous en avions trois au total au mois de mai 1940, chacune ayant un effectif en engins blindés inférieur d'un bon tiers à celui d'une Panzer, mais de qualité plutôt supérieure; de plus, nous avions, dans les réserves d'armée, plusieurs bataillons de chars modernes. Nous n'avions pas pu, comme firent nos adversaires en Pologne, acquérir l'assurance, que donne seule l'épreuve du feu. Quant à l'aviation puissante qui eût été en mesure d'appuyer l'action de nos divisions cuirassées sur le champ de bataille, nous ne pouvions qu'escompter son existence, après l'apport de l'industrie américaine, prévu à partir du premier semestre de 1940. Telles étaient les conséquences inéluctables de la situation comparée des possibilités industrielles, ainsi que nous l'avons établi précédemment.

Puisque l'armée française utilisait, dans l'ensemble, ses armes de 1918, force lui était bien de conserver les méthodes d'emploi qui avaient fait leurs preuves, avec cet armement, dans l'offensive victorieuse de la fin de la Grande Guerre. Les attaques comportaient un déploiement d'artillerie préalable et considérable. Quand on y adjoignait des chars, il restait nécessaire d'appuyer leur progression par cette artillerie terrestre, puisque l'aviation ne pouvait encore les aider. Si, de ce fait, la portée de nos attaques se trouvait limitée en profondeur, on ne pouvait mettre en doute leur puissance et leur efficacité; encore fallait-il avoir le temps de les organiser, et l'on avait la disposition d'esprit naturelle de ne les trouver jamais assez étoffées. Tous les progrès réalisés, tendant à une parfaite coordination d'emploi de nos armes faisaient considérer comme une imprudence, de partir à l'attaque, sans que celle-ci fût « montée ». Aussi devait-on éviter de se heurter à l'ennemi dans des combats de rencontre, où l'improvisation eût mené le jeu; mieux valait l'attendre sur un front préalablement tenu, et qui pourrait constituer ensuite une excellente base de départ pour nos propres offensives.

Les Allemands, au contraire, à mesure qu'ils reconstituaient leur armée, adoptaient une doctrine différente. Ils prenaient l'initiative de l'attaque, dès qu'on abordait l'ennemi, sans attendre une organisation méthodique des feux, à laquelle suppléeraient, au moment opportun, les bombardements en piqué. Les divisions cuirassées furent entraînées à l'action combinée de colonnes d'engins blindés, dont les axes de marche pouvaient être définis par un commandement observant en avion et que des escadrilles de bombardement étaient prêtes à appuyer dans leur progression. L'infanterie, dressée à l'installation rapide de barrages antichars, prenait aussi sa part dans la lutte des engins blindés; les troupes du génie, remarquablement outillées, leur frayaient la route, et, pour les couvrir, installaient des champs de mines. Le franchissement rapide des cours d'eau fut particulièrement étudié et préparé; là encore, un matériel moderne fut mis en œuvre.

Ces deux conceptions allaient s'affronter, dès le début de l'offensive allemande, mais avec un grand désavantage de notre côté. Les Allemands avaient, en effet, une supériorité d'aviation écrasante, et disposaient, ainsi que nous l'avons vu, de dix divisions cuirassées parfaitement entraînées, qu'ils pouvaient concentrer sur un front restreint, puisqu'ils avaient l'initiative de l'attaque. Il leur fut loisible de mener leur offensive, en appliquant, sans aucune gêne, les règles tactiques qu'ils s'étaient données. Dès les premières heures, une partie importante de nos forces se trouvèrent acculées à cette forme de bataille de rencontre que nous avions eu la prétention d'éviter. Elles n'eurent pas le temps d'établir des bases de départ solides pour contre-attaquer, et ne purent qu'improviser des actions décousues, au milieu de replis inévitables.

Prêtant à nos ennemis nos propres procédés, nous avions imaginé qu'ils ne tenteraient le passage de la Meuse, qu'après avoir amené une artillerie nombreuse; les cinq ou six jours supposés nécessaires auraient donné aisément le temps de renforcer notre propre dispositif. Combien la réalité devait différer de ces illusions! Sept divisions cuirassées allemandes s'avancent à travers les Ardennes, sans que les destructions nombreuses qu'avaient prévues les Belges, leur imposent d'appréciables retards. Elles abordent la Meuse entre Namur et Sedan, en tentent le franchissement aussitôt, le réussissent, et s'enfoncent vers l'ouest, à travers notre position. Nos régiments désorganisés cherchent à se ressaisir, créent des îlots de résistance. Nos états-majors s'efforcent de rétablir, plus en arrière, des fronts cohérents, d'où puissent partir des contre-attaques qu'on se hâte d'organiser. En dépit des efforts de tous, rien n'aboutit. Maîtres absolus de l'air, malgré nos quelques chasseurs, si déterminés qu'ils soient, les aviateurs ennemis ont beau jeu pour disloquer les colonnes, détruire les postes de commandement, supprimer les transmissions. La fuite éperdue des populations couvre les routes, bloque les carrefours, paralyse les liaisons. Un ordre parvient-il enfin? Il n'a plus rien qui convienne à la situation du champ de bataille bouleversée par la progression des engins blindés.

Tel est le tableau que peignent les pages qui vont suivre : si pénible que soit leur lecture, elle est utile. Elle montre combien ce serait une opinion excessive qu'attribuer aux erreurs des uns, ou aux faiblesses des autres, l'atroce désarroi de ces cinq jours. La 9ᵉ Armée attaquée de front, débordée sur sa droite, où la 2ᵉ Armée n'avait pas arrêté l'ennemi, entraîna dans sa perte tout l'ensemble des forces franco-anglaises de Belgique, qui furent ainsi rejetées sur Dunkerque. Si quelques-uns des nôtres se sont abandonnés, leur nombre est infime; combien d'autres ont donné des preuves manifestes du haut sentiment du devoir qui les animait! Il est, à la guerre, des circonstances plus fortes que les hommes, où tout semble conspirer pour perdre ceux qu'a frappés le premier choc.

*

Quelle a été la stratégie des Allemands, dans ces cinq journées? Nous savons sur quel terrain solide ils s'étaient placés, pour tout ce qui concernait l'organisation et la tactique. Leur décision stratégique a eu le même mérite de simplicité : ils ont repris ce qu'ils avaient tenté en mars 1918, mais en corrigeant tout ce qui avait, alors, fait échouer leur attaque de rupture. Ceux qui ont vécu, auprès de notre Haut Commandement, les heures graves de mars 1918, savent combien l'offensive ennemie avait approché du succès. Ils savent qu'on avait dû envisager, avec toutes ses conséquences, la rupture de notre front, la constitution d'une tête de pont britannique autour de Dunkerque et de Calais, et un repli de notre aile gauche derrière la Somme, en attendant de la reporter derrière la Seine. Quelles eussent été les conséquences? Deux batailles séparées, permettant aux Allemands d'accabler d'abord la tête de pont, puis de regrouper toutes leurs forces contre l'armée française, singulièrement réduite en nombre. Ce sont ces mêmes conséquences auxquelles devait aboutir leur manœuvre de mai 1940.

Or, la comparaison de nos forces en mars 1918 et en mai 1940, était de nature à donner bon espoir à nos adversaires. Le front sur lequel nous devions combattre était plus grand que celui de 1918 et face à une armée allemande d'effectifs sensiblement supérieurs, nous avions, en mai 1940, 700.000 combattants français de moins qu'en 1918-(1), et plus de trente divisions britanniques absentes. De tels chiffres étaient frappants puisqu'ils représentaient une infériorité totale d'au moins un tiers, entre le présent et le passé. La préparation à la guerre, que les Allemands avaient entreprise, deux ans avant nous, leur donnait, on l'a vu, une supériorité d'armement encore plus marquée.

Des esprits bien intentionnés ont dit que ceux qui étaient responsables de la défense de la France, auraient dû, devant une telle situation, tout faire pour éviter ou retarder la guerre. Ce raisonnement ne signifie rien, devant la volonté hitlérienne de nous l'imposer à son heure. Mieux eût valu avoir, en temps utile, un front allié constitué à l'est ou au midi (front russe ou front balkanique) ramenant l'Allemagne à la situation de 1914, et nous permettant de lutter sans disproportion d'effectifs excessive. Notre diplomatie ne sut pas ou ne put pas le créer, tandis que la diplomatie allemande maintint l'Italie dans son obéissance, et s'employa habilement à faire avorter toute coalition. Nous eûmes donc à mener la guerre, avec le seul appui de l'Angleterre, dès que l'Allemagne prit le parti d'attaquer la Pologne. Eût-il fallu nous délier de notre garantie, et ne pas déclarer la guerre, en septembre 1939? C'eût été supprimer la seule aide que pouvait

---

(1) Diminution due surtout à nos classes creuses, mais aussi aux prélèvements faits pour les frontières des Alpes et de Tunisie, et pour les besoins, parfois surestimés de l'intérieur.

nous fournir la Pologne, dont la résistance nous permettait de faire notre mobilisation et notre concentration, sans les voir compromises par l'action brusquée d'un adversaire maître de l'heure. Si, contrairement à nos engagements, nous avions attendu pour nous mettre sur pied de guerre, qui eût empêché Hitler de faire des préparatifs secrets, vis-à-vis de nous, comme il avait su les faire vis-à-vis de la Pologne, et comme il devait les faire plus tard vis-à-vis de la Russie? Les événements de mai 1940 se seraient apparemment passés à leur date, et nous y aurions été encore moins préparés, qu'après avoir mobilisé nos armées et nos fabrications de guerre dès septembre 1939 (1).

Nous avons défini tout à l'heure la stratégie d'Hitler, comme la fidèle image de celle de Ludendorff au mois de mars 1918. Il lui appartenait de choisir le point d'attaque, en tenant compte de l'existence d'un front mouvant en Belgique. Il est à remarquer que le Haut Commandement allemand de 1918 avait porté son effort décisif sur le point le plus faible du dispositif allié, c'est-à-dire la soudure entre les armées française et anglaise, et d'abord porté ses coups sur celui des deux bords de la soudure qui paraissait le moins solide. Le Haut Commandement allemand de 1940 discerne le point le plus faible, à la charnière de notre mouvement probable en Belgique. Il a eu, aux

---

(1) Cette supposition s'est trouvée corroborée par les affirmations d'un article de Gœbbels paru dans le journal *Das Reich* le 9 novembre 1941 et intitulé : *Quand et comment?*

différentes alertes de l'hiver, l'occasion de vérifier à maintes reprises l'existence d'un tel plan, qui porte en avant nos armées de gauche; apparemment même, a-t-il pu constater la faiblesse de la partie de notre dispositif à laquelle se soude l'aile marchante de notre front défensif. Il est assuré, quelles que soient la forme et l'ampleur de notre avance en Belgique, de trouver, au point d'attaque choisi, notre front installé sur la Meuse à Sedan et en aval de Sedan; il peut faire étudier en toute certitude et préparer minutieusement comment l'on abordera et enlèvera cette position.

Il était logique qu'après les traités de 1919, comme cela s'est toujours fait au cours de l'histoire, les Hauts Commandements adverses, voire même leurs gouvernements, se soient souciés de réagir contre les errements qui avaient occasionné, pour eux, les grosses déconvenues de la Grande Guerre. Chez nous, par exemple, tous les mécomptes, qu'avaient donnés les fabrications, amenèrent à placer la mobilisation industrielle au premier plan des préoccupations : organiser une guerre de durée, forme à laquelle le succès final était attaché, parut plus essentiel que gagner la première bataille. Les Allemands, qui avaient sur le cœur les échecs répétés de leurs offensives de 1918, étudièrent systématiquement quelles en avaient été les causes. Chaque attaque, parfaitement préparée, avait pleinement réussi, mais s'était heurtée, au bout de quelques jours, à un front ennemi reconstitué avec des troupes fraîches : il fallait stopper, parce qu'on avait laissé le temps à la défense de se rétablir, alors qu'on n'avait plus le bénéfice de la préparation antérieure. Il y avait donc ce double progrès à accomplir : d'une part, obtenir, en un temps plus court, une préparation qui surprît l'ennemi, et qui, aussi bien qu'en 1918, assurât le succès initial de l'attaque, d'autre part, ne pas laisser à la défense le moindre délai pour se ressaisir. Nous avons exposé comment l'emploi combiné de l'aviation et des chars en apportait le moyen, et comment les Allemands, dans les années qui suivirent la Grande Guerre, surent mettre au point ces nouveaux procédés tactiques.

*
**

Ainsi, nous avons constaté que les conceptions stratégiques de nos ennemis aboutissaient, comme leurs conceptions tactiques, à la forme d'offensive qu'ils devaient appliquer. De quelle manière et dans quelle mesure notre propre doctrine stratégique, était-elle d'accord avec notre doctrine tactique ?

L'ensemble des fortifications permanentes, qu'on est convenu d'appeler ligne Maginot, s'étendait, en mai 1940, sans lacune, depuis la frontière suisse jusqu'à la région de Longwy. Entre cette région et la mer, notre position frontière avait le caractère d'une fortification de campagne, renforcée par des ouvrages bétonnés. Ces ouvrages avaient plus d'importance et plus de valeur, de Longwy à Montmédy et depuis Trélon jusqu'à l'Escaut. La partie la moins étoffée était la partie centrale, comprise entre Montmédy et Trélon. Ceci s'expliquait par l'obstacle naturel que formaient la Meuse et les forêts. Mais il ne faut pas perdre de vue que, depuis la Meuse jusqu'à la mer, le rôle qu'on avait attribué aux fortifications était essentiellement de renforcer la couverture, et non de constituer une position défensive, que nos armées occuperaient. Dans la répartition naturelle du théâtre d'opérations, le front défensif était évidemment marqué par la ligne Maginot, où l'on avait accumulé de puissantes fortifications; le front offensif se trouvait en Belgique.

Front offensif? Il faut s'entendre sur le sens exact de cette expression. Dans les différents plans qui avaient été envisagés ou prévus, il ne s'agissait nullement de se porter toutes forces réunies au-devant de l'ennemi. C'eût été courir au combat de rencontre, alors qu'on voulait l'éviter. Nous nous proposions seulement de porter nos troupes, avant que l'ennemi n'y arrivât, sur un front situé en Belgique, et où elles attendraient son choc, convenablement rassemblées. Les avantages d'un tel front étaient substantiels : il portait la bataille en avant de nos frontières, et sur un terrain favorable; il couvrait de plus loin notre région industrielle du Nord et, tout aussi bien, l'Angleterre; enfin et surtout, il rétablissait dans une certaine mesure la balance des forces, en permettant de recueillir, avant qu'elles ne fussent mises à mal, une vingtaine de divisions belges qui, ultérieurement et utilement, pourraient prendre leur place dans notre dispositif. De telles considérations influaient sur le choix de ce front. Jusqu'où avancerait-on en Belgique? Si nous nous arrêtions à l'Escaut, notre position se raccorderait, par Maulde, à nos fortifications de la frontière; si nous nous avancions jusqu'à la Dyle, nous nous y raccorderions par Namur et le cours de la Meuse de Namur à Givet; aller au Canal Albert nous obligerait à pousser très avant, et à défendre un large saillant, dont le sommet était marqué par Liége, et dont l'ennemi était plus près que nous. Une entente préalable, avec les Belges, eût pu permettre, à la première occasion favorable, de s'installer, par surprise, sur le Canal Albert, avant toute progression allemande. On sait qu'une telle entente avait cessé d'exister depuis plusieurs années.

Il était donc sage de limiter cette marche en Belgique, soit à l'Escaut, soit à la Dyle. Mais celle-ci répondait plus avantageusement aux conditions recherchées, puisqu'elle permettait de couvrir de plus loin notre frontière, et de recueillir plus sûrement les forces belges. Elle formait enfin la ligne la plus courte, c'est-à-dire la plus économique à tenir, entre la mer du Nord et la Meuse. Les estimations faites donnaient à penser que nous y arriverions assez à temps, pour faire face, avec un front cohérent; et, de fait, il en fut bien ainsi, au moins au nord de Namur, malgré les déceptions que causèrent la résistance trop courte de Liége et la traversée immédiate du Canal Albert. Enfin, Anvers paraissait former un ancrage solide de la gauche de ce front belge, par où l'on pourrait assurer le recueil des forces hollandaises, si l'aile marchante allemande les rejetait vers nous. Ainsi, notre plan stratégique prenait l'aspect de la constitution d'un front Anvers-Namur-Givet, se raccordant par la Meuse à la ligne Maginot. Ce front serait la digue opposée aux flots des envahisseurs; ceux-ci endigués, c'est de ce front que partiraient nos propres attaques, méthodiques et puissantes, que nous imaginions comparables à celles de 1918.

Encore eût-il fallu posséder des réserves, capables d'alimenter de telles attaques; et ceci exigeait la récupération des troupes belges et l'arrivée prochaine de renforts britanniques substantiels.

Quels résultats tout autres aurait obtenus la stratégie française, si notre armée avait, dès septembre 1939, englobé l'armée belge! Il eût été possible, à ce moment, où les forces allemandes étaient, pour une part importante, en Pologne, de concevoir et de mener à bien une véritable offensive, partant d'un front de concentration sur la Meuse belge, réduisant aisément la partie la plus faible des fortifications allemandes, et nous portant au Rhin en quelques jours (1). C'est donc bien l'un des grands succès de la diplomatie allemande qu'avoir dissocié la Belgique de l'alliance franco-anglaise, et réduit la collaboration des forces belges avec nous, à une éventualité qui ne dépendait que des Allemands eux-mêmes, et les laissait maîtres

---

(1) Le développement hâtif de la ligne Siegfried, prolongée jusqu'au Rhin inférieur, correspondait à ce risque de la stratégie allemande, et prétendait y parer.

de l'heure. Cette même diplomatie sut, en se jouant de la Pologne, maintenir une haine tenace entre Polonais et Russes qui lui permit de proposer, au moment où elle en avait besoin, un partage de la Pologne. Elle sut aussi, par l'alliance italienne, nous obliger à maintenir, sur les Alpes et en Afrique du Nord, les quinze divisions qui nous auraient permis d'avoir, dans le jeu de nos réserves, une aisance et une puissance qui nous manqua.

Quoi qu'il en soit, l'intention des alliés avait été d'abord de ne pas dépasser l'Escaut; c'est cette même intention que manifeste l'instruction du Commandant en Chef du 24 octobre 1939. Mais à la suite de l'alerte du 11 novembre, l'invasion allemande en Belgique et en Hollande parut plus probable. La situation militaire évolua en Belgique, où de nouvelles mesures de défense furent prises. Dès lors, notre Haut Commandement estima que, si nous étions appelés par les Belges, nous aurions le temps de gagner la position Anvers-Namur et de nous y installer en force. Le 14 novembre, une conférence au G. Q. G. français examina les grandes lignes de la « manœuvre Dyle », que fixa une instruction du général Gamelin, en date du 15 novembre. Le Conseil Suprême interallié, réuni le 17 novembre, marqua l'intérêt essentiel qui s'attachait à tenir la ligne Anvers-Namur, dans l'éventualité d'une invasion de la Belgique par les Allemands. Ce fut l'instruction du 17 novembre 1939, signée par le général Georges, qui définit les modalités de la manœuvre. Ces modalités furent précisées de nouveau dans l'instruction du 20 mars 1940 établie pour tenir compte du renforcement des effectifs britanniques qui cependant allaient à peine atteindre dix divisions, et des mesures défensives prises par les Belges et par les Hollandais. Il va de soi que, dans cette instruction, comme dans celle qui l'avait précédée, la manœuvre Dyle n'était qu'une des hypothèses envisagées; elle était qualifiée « la plus probable ». Mais il fallait qu'au moment voulu, un ordre décidât de son exécution.

Cet ordre fut donné le 10 mai, à 6 h. 35, par un coup de téléphone échangé entre le général Georges et le général Billotte (1). Quelques minutes auparavant, l'appel des Belges était parvenu au G. Q. G. français.

---

(1) Le général Georges avait le commandement en chef des armées françaises sur le front du nord-est; le général Billotte commandait le 1er Groupe d'Armées (G. A. 1), dont faisait partie la 9me Armée.

CHAPITRE II

OCCUPATION DE LA MEUSE
(10 au 13 mai 1940)

I. — *MISSION DE LA 9ᵉ ARMÉE*

Dans la manœuvre Dyle, la mission de la 9ᵉ Armée était de se porter sur la Meuse, pour y prendre position entre la région de Charleville et celle de Namur. Cette position devait être tenue sans esprit de recul. La 9ᵉ Armée se soudait à droite à la 2ᵉ Armée (10ᵉ Corps d'armée), et à gauche à la 1ʳᵉ Armée (5ᵉ Corps d'armée).

La partie de ce front qui était en France, avait pu être organisée et occupée : elle s'étendait du cours de la Bar, petit affluent qui se jette dans la Meuse, à mi-distance entre Sedan et Charleville, jusqu'à notre frontière, au nord de Givet. Au contraire, la partie comprise entre Givet et Namur, ne devait être occupée

OCCUPATION DE LA MEUSE (10-13 MAI)

que quand l'accès de la Belgique nous serait ouvert ; aussi, les troupes destinées à s'y porter se trouvaient-

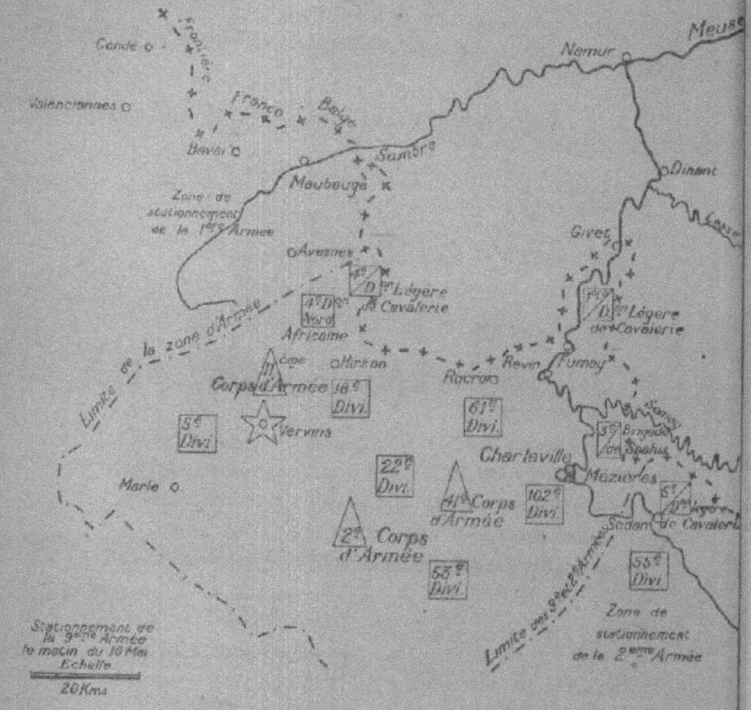

elles stationnées sur le territoire national, dans la zone affectée à leur armée.

L'ensemble des forces de la 9ᵉ Armée, à la date

du 10 mai, comprenait : le 41ᵉ Corps, qui devait former la droite, et dont les Divisions, 102ᵉ et 61ᵉ, étaient déjà placées au voisinage de la Meuse; le 11ᵉ Corps, qui devait former le centre, avec les 18ᵉ et 22ᵉ Divisions; le 2ᵉ Corps avec la 5ᵉ Division, futur corps de gauche; ces deux corps d'armée, 2ᵉ et 11ᵉ, ayant à faire un mouvement de cent kilomètres pour se porter à la Meuse, et l'occuper entre notre frontière et Namur. Il s'y ajoutait la cavalerie, composée des 1ʳᵉ et 4ᵉ Divisions Légères, et de la 3ᵉ Brigade de Spahis; elle avait été placée au plus près de la frontière, prête à s'avancer en Belgique, pour y reconnaître et retarder l'ennemi (1). Enfin, deux divisions formaient réserve, l'une derrière la droite (53ᵉ), l'autre derrière la gauche (4ᵉ Division Nord-Africaine).

Le 10 mai, à 6 h. 35, le général Billotte rendait compte au G. Q. G. que les ordres étaient donnés aux différentes armées dont il avait le commandement, pour entrer en Belgique. On appliquait la manœuvre Dyle. La 9ᵉ Armée passait donc à l'exécution de sa mission. Elle avait transmis à ses corps d'armée, vers 4 h. 15, un télégramme d'alerte.

A 7 h. 15, ce fut l'ordre de mise en route vers la Meuse. A 9 h. 30, la 4ᵉ Division Légère de Cavalerie, qui opérait en avant de la gauche, c'est-à-dire en avant

---

(1) La division légère de cavalerie de 1940 comprenait une brigade à cheval et une brigade mécanique, celle-ci formée d'un régiment d'auto-mitrailleuses-canons, et d'un régiment de dragons portés.

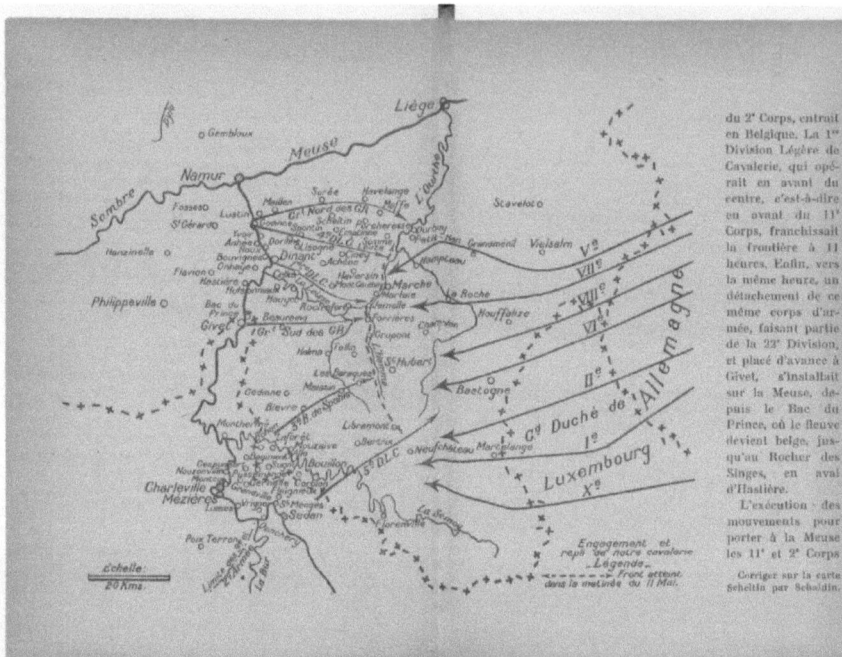

du 2ᵉ Corps, entrait en Belgique. La 1ʳᵉ Division Légère de Cavalerie, qui opérait en avant du centre, c'est-à-dire en avant du 11ᵉ Corps, franchissait la frontière à 11 heures. Enfin, vers la même heure, un détachement de ce même corps d'armée, faisant partie de la 23ᵉ Division, et placé d'avance à Givet, s'installait sur la Meuse, depuis le Bac du Prince, où le fleuve devient belge, jusqu'au Rocher des Singes, en aval d'Hastière.

L'exécution des mouvements pour porter à la Meuse les 11ᵉ et 2ᵉ Corps

Corriger sur la carte Scheltin par Scheldt.

avait fait l'objet de longues études de détail. Il s'agissait d'aller vite, mais en prenant toutes les précautions qu'exigeaient l'appréhension de bombardements aériens. Il fallait ménager notre aviation de chasse ; nous étions extrêmement pauvres en moyens terrestres de défense antiaérienne ; bref, cavalerie mise à part, c'est de nuit que devaient être mises en route les colonnes importantes, qu'elles fussent automobiles ou hippomobiles. Il n'y eut d'exception que pour quelques mises en place qui paraissaient urgentes (1). L'ensemble des étapes prévues devait occuper quatre nuits : la première était celle de « J 1 » à « J 2 », c'est-à-dire la nuit du 10 au 11. Tout devait être en place à « J 5 », c'est-à-dire le 14 au matin. Or, dès le 13, les Allemands arrivaient à la Meuse et attaquaient.

Avant d'entrer dans le détail de la mise en place, et de préciser ce qui avait pu être réalisé le 13 au matin, au moment des premières attaques allemandes, il convient de suivre notre cavalerie dans sa prise de contact avec les avant-gardes allemandes, puisque les renseignements qu'elle allait en tirer pouvaient et devaient avoir une répercussion sur l'entrée en action de la 9ᵉ Armée.

---

(1) C'est ainsi que la 9ᵉ Armée prescrivait au 11ᵉ Corps de mettre en route, dès le 10 à 16 h. 30, une avant-garde de deux bataillons, préparée par la 18ᵉ Division, et qui devait former couverture des mouvements, en s'installant le long de la Meuse, sur le front futur de la division.

Dans l'ensemble, on comptait que la résistance de la couverture belge dans les Ardennes, les destructions préparées en territoire belge, l'action de notre cavalerie et de notre aviation retarderaient l'ennemi d'au moins cinq jours.

II. — *ENGAGEMENT ET REPLI DE LA CAVALERIE*

La mission de la cavalerie avait été définie dans les instructions successivement données par le Haut Commandement. Le général Georges, dans son instruction personnelle et secrète du 14 mars 1940 (1), avait prescrit, pour la cavalerie, de « couvrir la mise en place et le renforcement de nos forces sur la position de résistance, en poussant *au plus vite* jusqu'au contact de l'ennemi, en aidant les troupes de couverture belges, et en retardant l'avance allemande ».

Le général Billotte avait précisé, le 27 mars (2) :

« ...La 9ᵉ Armée portera d'emblée ses divisions légères de cavalerie, renforcées de groupes de reconnaissance, sur la Meuse, entre Namur et Givet, éclairant sur la direction de Stavelot et Vielsalm; et sa brigade de spahis, sur la Semoy, en aval d'Alle. Dès que la Meuse sera assez solidement tenue, les divisions légères de cavalerie de la 9ᵉ Armée seront poussées au plus vite jusqu'au contact de l'ennemi avec mission d'aider les troupes de couverture belges et de retarder l'avance allemande... »

Pour appliquer ces prescriptions, le général Corap avait donné, en date du 23 mars, une instruction par-

---

(1) I. P. S. n° 82 du G. Q. G.
(2) I. P. S. n°11 du G. A. I.

ticulière (1) sur l'action de la cavalerie au delà de la Meuse et de la Semoy. On y lit, notamment : « La manœuvre (au delà de la Meuse) s'exécutera sur l'ordre du Commandant de l'Armée. Elle sera déclenchée *dès que la Meuse sera assez solidement tenue.* »

Le jour « J 1 », toute la cavalerie, franchissant au plus vite la frontière, devait couvrir les opérations de l'Armée. Le détail de ses mouvements était prévu, comme nous l'indiquons ci-dessous, de la droite à la gauche :

a) A droite, en avant du 41ᵉ Corps, la brigade de spahis se portait sur la Semoy, puis en débouchait dans la direction Bièvres-Les-Baraques-Saint-Hubert-Champlon, en liant son mouvement à celui de la cavalerie de la 2ᵉ Armée, qui se portait sur Bastogne, et dont elle devait couvrir le flanc gauche.

b) Au centre, en avant du 11ᵉ Corps, la 1ʳᵉ Division Légère de Cavalerie, renforcée du « Groupement Sud » des groupes de reconnaissance (groupe de reconnaissance de corps d'armée du 11ᵉ Corps, groupes de reconnaissance des 22ᵉ et 18ᵉ Divisions), se portait sur la Meuse belge, pour en occuper les passages, et lançait ses découvertes vers l'est. Dès que la Meuse serait assez solidement tenue, et sur l'ordre du Commandant de l'Armée, elle serait poussée au contact de l'ennemi, pour aider la couverture belge, et retarder la progression adverse. Axe de la 1ʳᵉ Division Légère

---

(1) I.P.S. nº 11.

de Cavalerie : Dinant-Rochefort-La-Roche. Axe du Groupement Sud, qui la couvrait sur sa droite : Givet-Beauraing-Forrières.

c) A gauche, en avant du 2ᵉ Corps, la 4ᵉ Division Légère de Cavalerie, renforcée du « Groupement Nord » des groupes de reconnaissance (groupe de reconnaissance de corps d'armée du 2ᵉ Corps, groupes de reconnaissance des 5ᵉ Division et 4ᵉ Division Nord-Africaine), avait une mission identique : premier temps, la Meuse; deuxième temps, la progression à l'est. Axe de la 4ᵉ Division Légère de Cavalerie : Godinne-Hampteau. Axe du Groupement Nord qui la couvrait sur sa gauche : Lustin-Maffe-Petit-Han.

L'instruction de l'armée définissait le mouvement des gros des divisions vers l'est, par deux phases : une première portant, en deux bonds, les deux divisions légères de cavalerie sur un objectif final marqué par la rivière l'Homme et la route Jemelle, Marche, Somme-Leuze; une deuxième, où les éléments motorisés étaient poussés jusqu'à l'Ourthe, pour soutenir et recueillir les forces belges, en retardant la progression de l'ennemi. Elle donnait ensuite des précisions sur la manœuvre retardatrice.

En fait, l'action de la cavalerie à l'est de la Meuse ne durera que trois jours, les 10, 11 et 12. Le 12, en fin de journée, la cavalerie aura repassé la Meuse.

Faisons maintenant le récit des événements de ces trois journées; nous les suivrons plus commodément, par tranches successives, en parcourant le terrain d'action du nord au sud.

JOURNÉE DU 10 MAI

4ᵉ Division Légère de Cavalerie
Le 10 mai, à 6 h. 45, la 9ᵉ Armée notifie à la 4ᵉ Division Légère de Cavalerie (1) l'ordre d'alerte, à 7 h. 15 celui d'exécution.

Les découvertes de la division, franchissant la frontière à 9 h. 30, occupent les ponts de la Meuse, puis reprennent à 14 heures leur mouvement à l'est de la Meuse. Les gros suivent.

A 17 heures, le général Barbe installe son P. C. à Saint-Gérard. En fin de journée, la 4ᵉ Division Légère de Cavalerie se répartit comme suit : La brigade légère mécanique tient la Meuse. Sa sûreté éloignée est sur la ligne Maillen-Dorinne (10 km. est de la Meuse); ses découvertes ont poussé :
— sur Durbuy,
— sur Ciney, Marche, Grandmenil.

La brigade de cavalerie a atteint la région d'Hanzinelle.

---

(1) La 4ᵉ Division Légère de Cavalerie est commandée par le général Barbe, puis, à partir du 15 mai, par le colonel Marteau.
Elle comprend :
— la 4ᵉ Brigade de Cavalerie avec :
    — le 8ᵉ Dragons,
    — le 31ᵉ Dragons;
— la 14ᵉ Brigade Légère Mécanique :
    — le 4ᵉ R. A. M.,
    — le 14ᵉ R. D. P.;
— le 77ᵉ Régiment d'Artillerie.

Dans la soirée, à 23 heures, il est prescrit à la division légère de cavalerie d'exécuter la manœuvre prévue à l'est de la Meuse.

1ʳᵉ Division Légère de Cavalerie

A la droite de la 4ᵉ Division, la 1ʳᵉ Division (1) est également alertée le 10 mai, à 6 heures.

A 7 h. 30, est donné l'ordre d'exécution de la manœuvre Dyle. Les escadrons mixtes du 5ᵉ Régiment de Dragons Portés doivent pénétrer en Belgique le plus tôt possible, le gros de la division devant se mettre en marche à 12 heures.

A 12 heures, le général d'Arras donne l'ordre au groupement sud des groupes de reconnaissance de progresser sur l'axe Philippeville-Onhaye. A 13 heures, ordre est donné au 1ᵉʳ Régiment d'Auto-Mitrailleuses de passer sur la rive droite de la Meuse et de pousser la découverte vers Vielsalm et Houffalize.

Le 10 au soir, les éléments avancés de la 1ʳᵉ Division Légère de Cavalerie se trouvent à hauteur de ceux de la 4ᵉ Division Légère de Cavalerie. Les renseignements qui en parviennent indiquent une prise de contact sur l'Ourthe. Le 5ᵉ Régiment de Dragons Portés s'établit sur l'Homme. Dans la nuit, le 1ᵉʳ Ré-

---

(1) La 1ʳᵉ Division Légère de Cavalerie est commandée par le général d'Arras et comprend :
— la 11ᵉ Brigade Légère Mécanique formée du 5ᵉ Régiment de Dragons Portés et du 1ᵉʳ Régiment d'Auto-Mitrailleuses ;
— la 2ᵉ Brigade de Cavalerie (1ᵉʳ Chasseurs et 19ᵉ Dragons) ;
— le 75ᵉ Régiment d'Artillerie.

giment d'Auto-Mitrailleuses, par suite du retrait des troupes belges qui font jouer les destructions, et se retirent du sud-est vers le nord-ouest, se reporte, lui aussi, sur l'Homme. A ce moment, les éléments motorisés tiennent de Rochefort à Marloie, en liaison à gauche avec la 4ᵉ Division Légère de Cavalerie, à droite avec le groupement sud, qui est lui-même en contact avec la 3ᵉ Brigade de Spahis.

3ᵉ Brigade de Spahis — A la droite de la 1ʳᵉ Division Légère de Cavalerie, l'action de la 3ᵉ Brigade de Spahis (1) s'exerce en liaison à gauche avec le groupement sud, à droite avec la 5ᵉ Division Légère de Cavalerie de la 2ᵉ Armée. Celle-ci, agissant en direction sud-ouest - nord-est, oriente sa découverte sur Bastogne et doit atteindre l'Homme, Libramont et Neufchâteau. La 3ᵉ Brigade doit se diriger sur Maissin-Les-Baraques. Elle doit tenir l'Homme de Grupont à Saint-Hubert.

Partant de ses cantonnements entre Semoy et Meuse, la 3ᵉ Brigade de Spahis passe la frontière, le 10 à midi, à Pussemange. Elle traverse la coupure de la Semoy et marche sur l'Homme. Le 2ᵉ Régiment de Spahis Marocains est à droite, le 2ᵉ Régiment de Spahis Algériens est à gauche.

---

(1) La 3ᵉ Brigade de Spahis est commandée par le colonel Marc. Elle comprend le 2ᵉ Régiment de Spahis Algériens et le 2ᵉ Régiment de Spahis Marocains.

ENGAGEMENT ET REPLI DE LA CAVALERIE

Les gros atteignent l'Homme entre 20 heures et 21 h. 30. Ils y sont en liaison avec leurs voisins.

On ne saurait clore l'historique de cette journée sans signaler que, dans l'après-midi du 10, le général Georges avait exercé une impulsion directe sur l'action de la cavalerie de la 9ᵉ Armée. En effet, vers 17 heures, il avait été rendu compte au G. Q. G. que les régiments motorisés de cette cavalerie se trouvaient sur la Meuse, où le général Corap avait l'intention de les maintenir jusqu'au 11 au matin. D'autre part, on signalait que la gauche de la cavalerie de la 2ᵉ Armée avait déjà progressé jusqu'à Libramont. Justement préoccupé du décrochement ainsi produit et de la nécessité d'entamer loin et vite l'action retardatrice prévue, le général Georges prescrivit à 17 h. 15 à la 9ᵉ Armée (confirmation au G. A. 1 par message de 18 heures) de ne pas attarder sa cavalerie sur la Meuse, et de la pousser rapidement sur la rive droite. Le général Corap fit connaître que le mouvement devait commencer le 11 à 2 heures du matin.

JOURNÉE DU 11 MAI ET NUIT DU 11 AU 12

Nous venons de voir que l'action de la cavalerie de la 2ᵉ Armée avait déjà eu, au cours de la journée du 10, une influence sur la poussée en avant de la cavalerie de la 9ᵉ Armée. Pareillement, au cours de la journée du 11, le retrait de cette même cavalerie de la 2ᵉ Armée fera sentir ses effets sur la manœuvre de la cavalerie de la 9ᵉ Armée.

4ᵉ Division Légère de Cavalerie — A la 4ᵉ Division Légère de Cavalerie, la brigade légère mécanique passe la Meuse à 1 heure, le 11 mai, et commence sa progression en direction de l'Ourthe.

A 6 h. 35, l'ordre d'opérations prescrit aux premiers échelons (brigade légère mécanique et groupe de reconnaissance) de tenir défensivement la coupure Ourthe-ruisseau d'Heure, entre Durbuy et Marche. La brigade de cavalerie se porte dans la région de Lisogne-Try. Le P. C. de la division s'installe à Lisogne.

Vers 13 heures, le 4ᵉ Régiment d'Auto-Mitrailleuses, qui a atteint Marche, rend compte qu'il est attaqué par des auto-mitrailleuses ennemies. Jusqu'en fin de journée, des combats indécis se poursuivent dans la localité.

Dans la nuit du 11 au 12, l'Armée prescrit d'entamer l'action retardatrice; car, les unités plus au sud ayant été refoulées, le flanc droit de la division se trouve découvert.

La 14ᵉ Brigade Légère Mécanique et le Groupement nord, dans sa majeure partie, doivent en conséquence décrocher à partir de minuit pour occuper la ligne Havelange-Porcheresse-Haversin, qu'ils doivent tenir pendant la journée du 12.

La 4ᵉ Brigade de Cavalerie et le 94ᵉ Groupe de Reconnaissance Divisionnaire doivent s'installer en deuxième échelon sur la ligne : hauteur ouest de Ciney-Emptinne-Schaltin-Sorée. (Le P. C. de la division, le 12, à 4 heures, se trouvera à Spontin.)

1ʳᵉ Division Légère de Cavalerie — A la 1ʳᵉ Division Légère de Cavalerie, où jusque-là aucun événement saillant n'est apparu, on apprend, le 11, à midi, que la 3ᵉ Brigade de Spahis se replie. Le général d'Arras prescrit aussitôt au groupement sud de couvrir le flanc droit de la 1ʳᵉ Division Légère de Cavalerie sur la ligne : Tellin-Halma-Beauraing-Givet.

Le 11, à 19 heures, le Général donne l'ordre aux régiments à cheval de s'établir sur les hauteurs Houyet-Mont-Gauthier-Haversin pour couvrir le repli des éléments motorisés sur Hulsonniaux-Celles-Acliène.

3ᵉ Brigade de Spahis — A la 3ᵉ Brigade de Spahis, dans la matinée du 11 mai, on apprend que les Allemands auraient atteint Bastogne et marcheraient sur Neufchâteau.

A 11 h. 50, ayant demandé à la 5ᵉ Division Légère de Cavalerie (2ᵉ Armée) quelle était sa situation, le Commandant de la 3ᵉ Brigade de Spahis reçoit avis que, fortement attaquée sur Neufchâteau et Libramont, la 5ᵉ Division Légère de Cavalerie a commencé son repli sur « 0 2 » (voie ferrée Gedinne-Bertrix). L'ordre de repli est envoyé aussitôt aux deux régiments de la 3ᵉ Brigade de Spahis, et la 1ʳᵉ Division Légère de Cavalerie en est avisée.

Interrogée à nouveau en cours d'après-midi, la 5ᵉ Division Légère de Cavalerie fait connaître qu'en raison de la pression exercée en direction de Bouillon, elle a quitté « O 2 » et que le repli sur la Semoy est en cours. Le repli de la 3ᵉ Brigade de Spahis s'ensuit. Les gros doivent se porter sur la Semoy de Bohan à Mouzaive. Ils y sont entre 19 heures et 20 h. 30. Dès la tombée de la nuit, un poste de surveillance à Mouzaive est bousculé par des éléments ennemis qui poursuivent hardiment en direction de Sugny.

Au milieu de la nuit du 11 au 12, la situation se présente ainsi :

La Semoy est tenue jusqu'à Laforêt. De là, la ligne descend sur Sugny. L'ennemi s'y trouve, il menace Pussemange. La gauche de la cavalerie de la 2ᵉ Armée est sur la Semoy, vers Alle, mais la 3ᵉ Brigade ne peut plus prendre liaison de ce côté.

Il ressort de ce tableau de la journée du 11 que, sur le front de la 9ᵉ Armée, l'action de la cavalerie a subi le contre-coup des mouvements effectués par la cavalerie de la 2ᵉ Armée et que le repli de celle-ci, pressée par des colonnes importantes d'engins blindés débouchant de la direction Bastogne-Libramont et se dirigeant sur Bouillon, a gagné et entraîné de proche en proche, et du sud au nord, la 3ᵉ Brigade, la 1ʳᵉ Division Légère de Cavalerie, enfin la 4ᵉ Division Légère de Cavalerie.

D'ailleurs, pas plus le 10 que le 11, les formations belges avec lesquelles notre cavalerie prend contact ne s'arrêtent pour marquer une résistance, même de courte durée, ni sur les lignes de destructions, ni sur

ENGAGEMENT ET REPLI DE LA CAVALERIE

l'Ourthe, ni plus au sud. Il en est rendu compte au Commandant de la 9ᵉ Armée, qui intervient aussitôt auprès des hautes autorités belges les plus proches (Général commandant le Groupement de l'Ardenne et Général gouverneur de Namur). Mais comment modifier des consignes déjà données, alors qu'elles sont en pleine exécution (1) ? Derrière nos éléments de découverte qui se replient, des colonnes ennemies motorisées et blindées progressent sur toutes les routes de l'Ardenne.

JOURNÉE DU 12 MAI

Le général Corap devant cette situation, va être amené à donner l'ordre à sa cavalerie de repasser la Meuse au cours de la journée du 12.

4ᵉ Division Légère de Cavalerie

A la 4ᵉ Division Légère de Cavalerie, le 12 mai, à 8 heures, l'officier de liaison de la 9ᵉ Armée informe le Commandant de la division qu'en raison de la situation très précaire dans laquelle se trouve à sa droite la 1ʳᵉ Division Légère de Cavalerie,

---

(1) Premier effet regrettable de l'absence d'entente préalable entre états-majors français et belge : le gouvernement belge, soucieux de ses devoirs de neutralité, s'était toujours opposé à l'établissement de plans communs.

la 4ᵉ Division Légère de Cavalerie doit continuer d'urgence son repli vers la Meuse, qu'elle repassera.

La 14ᵉ Brigade Légère Mécanique, l'artillerie et les groupes de reconnaissance reçoivent l'ordre de se porter d'un bond à l'ouest de la rivière, le 14ᵉ Dragons Portés établissant de solides points d'appui à Maillen-Dorinne, pour couvrir le repli des autres éléments (1).

La 4ᵉ Brigade de Cavalerie, et le 94ᵉ Groupe de Reconnaissance Divisionnaire doivent se replier à partir de 12 heures à l'ouest de la Meuse, sous la protection du 4ᵉ Régiment d'Auto-Mitrailleuses, des pelotons d'auto-mitrailleuses du 1ᵉʳ Groupe de Reconnaissance Divisionnaire, et des points d'appui tenus par le 14ᵉ Dragons Portés. Le repli s'exécute en ordre; il est toutefois assez vivement pressé par l'ennemi.

En fin de journée, la plupart des éléments ont passé la Meuse. Au pont d'Yvoir, une auto-mitrailleuse ennemie se présente à la suite de nos derniers groupes. Certains éléments, qui n'ont pu franchir la Meuse avant l'arrivée des blindés ennemis, le feront, au cours de la nuit, par des moyens de fortune.

Le 12 au soir, la division est en regroupement dans la région de Fosses, et passe aux ordres du 2ᵉ Corps d'Armée. Les groupes de reconnaissance sont remis à la disposition de leurs grandes unités.

---

(1) Le 14ᵉ Dragons Portés fit une belle défense. On trouvera, dans le livre de M. Antoine Rédier : *Gestes français* (Mappus, Le Puy, 1943), le récit de la défense d'un point d'appui par le lieutenant Pierre de Sillans, tué ce même jour à l'ennemi.

1ʳᵉ Division Légère de Cavalerie — A la 1ʳᵉ Division Légère de Cavalerie, le 12 mai, ordre est donné aux éléments de la division de décrocher et de passer sur la rive gauche.

Le 1ᵉʳ Chasseurs passe au pont de Bouvignes, qui saute à 16 h. 15. Le 1ᵉʳ Régiment d'Auto-Mitrailleuses et le 5ᵉ Régiment de Dragons Portés traversent au pont de Dinant, détruit à 16 h. 02. Le 19ᵉ Dragons passe, partie par le pont du chemin de fer d'Anseremme, partie à Hastière.

Le P.C. de la division se porte à Flavion.

A l'ouest de la Meuse, la division légère de cavalerie passe en réserve dans la région de Flavion ; elle y renforcera la 18ᵉ Division.

3ᵉ Brigade de Spahis — A la 3ᵉ Brigade de Spahis, le 12, à 2 heures du matin, le Commandant de la brigade décide de se replier sur la Meuse et en rend compte à la 9ᵉ Armée. Le 2ᵉ Régiment de Spahis Algériens doit faire mouvement par Bagimont-Gespunsart-La-Grandville, le 2ᵉ Régiment de Spahis par Rogissart (entre Pussemange et Gespunsart) et Gernelle, couvert par deux escadrons qui se replient directement de Sugny vers Gernelle. Entre 5 heures et 8 h. 30, la 3ᵉ Brigade de Spahis passe la Meuse aux ponts de Montcy-Notre-Dame (faubourg nord de Charleville), Le Theux (faubourg sud) et Lumes.

A 8 h. 30, un ordre est apporté à la 3ᵉ Brigade; il émane du 41ᵉ Corps d'armée. « En face de la 2ᵉ Armée, la pression ennemie s'est continuée toute la nuit sur l'axe Bouillon-Sedan. La 5ᵉ Division Légère de Cavalerie est toujours sur la Semoy. La 3ᵉ Brigade de Spahis, aux ordres du 41ᵉ Corps d'armée, se portera en couverture sur la position Gespunsart-Vrigne et ultérieurement, si possible, sur la Semoy ».

Peu après, de nouveaux renseignements parviennent : la 5ᵉ Division Légère de Cavalerie aurait commencé son repli de la Semoy sur la Meuse. L'action de la 3ᵉ Brigade de Spahis se limitera donc à la Vrigne.

Vers 15 h. 30, l'ensemble de la Vrigne est réoccupé. L'ennemi est signalé à Pussemange.

A ce moment des éléments de la 5ᵉ Division Légère de Cavalerie qui ont déjà fait leur repli, se battent sur la ligne des maisons fortes de la rive droite de la Meuse.

Vers 16 heures, les instructions reçues par la 3ᵉ Brigade de Spahis, lui ordonnent, si elle doit abandonner la position Gespunsart-Vrigne sous la pression de l'ennemi, de replier ses éléments sur la tête de pont de Mézières et de passer aux ordres de la 102ᵉ Division d'Infanterie de Forteresse pour renforcer cette tête de pont. A 23 h. 30, il lui est prescrit de se replier au sud de la Meuse. La brigade atteint la tête de pont le 13 vers 3 heures, reçoit le nouvel ordre d'y laisser certains éléments et de se regrouper vers Poix-Terron, où elle arrive dans la matinée du 13.

III. — DONNÉES GÉNÉRALES
SUR LES MOUVEMENTS DE L'ENNEMI

Si l'on se reporte à la mission initiale de « pousser au plus vite jusqu'au contact de l'ennemi, en aidant les troupes de couverture belges, et en retardant l'avance allemande », on doit constater que, dès l'alerte du 10, tout avait été mis en œuvre pour la remplir pleinement. La 9ᵉ Armée savait, le lendemain 11, que des avant-gardes ennemies, fortement dotées en engins blindés, s'avançaient partout, avec leur plus puissant effort dirigé vers la jonction des 9ᵉ et 2ᵉ Armées. Nous avions donné une aide indirecte à la couverture belge, qui se repliait latéralement à notre front. Quant au retard apporté à l'avance allemande, il se réduisait évidemment aux quelques heures qu'avaient fait gagner les rudes prises de contact de nos éléments avancés. Notre cavalerie, ramenée tout entière derrière la Meuse, s'y regroupait, prête au combat, se ressentant moins des longues randonnées de ces trois jours, que de la déconvenue de cette manœuvre en retraite bousculée.

Quoique notre aviation eût, elle aussi, multiplié ses efforts pour satisfaire à la tâche immense qui lui était alors demandée, elle n'avait pas pu davantage, dans cette période du 10 au 12 mai, exercer sur les itinéraires à l'est de la Meuse, des actions de bombardement, capables de retarder la marche audacieuse des colonnes motorisées qui, de jour et de nuit (avec des torrents de lumière, disent certaines relations d'observateurs aériens), dévalaient impunément vers la Meuse, par des chemins étroits et encombrés (1).

A quoi s'était heurtée notre cavalerie? Et quelle était l'importance des forces ennemies qui progressaient à travers les Ardennes? Quelques publications allemandes, parues depuis lors, ont permis de recouper nos propres renseignements, et de fixer, comme suit, à grands traits, la situation de nos adversaires.

Tandis que le groupe d'armées de von Bock s'avançait au nord de la Meuse, c'était le groupe d'armées de von Rundstedt qui avait mission de rompre notre position défensive au sud de Namur. Il était précédé du XXXIX° Corps blindé (V° et VII° Panzerdivisionen), qui avait comme axe de marche Saint-Vith-Marche-Dinant. Le franchissement de l'Ourthe, réussi d'abord à Marcour (qui est à ænviron trente-cinq kilomètres à l'ouest de la frontière allemande), permit, dès le 11 au matin, aux chars du XXXIX° Corps de pousser jusqu'à nos gros de cavalerie.

---

(1) On aura une idée des difficultés d'emploi qu'avait alors notre aviation, même avec l'aide de l'aviation britannique, en lisant l'ouvrage du capitaine ACCART : *On s'est battu dans le ciel* (Arthaud, Grenoble, 1942). L'action de notre aviation sur la Meuse du 12 au 14 mai et les pertes qu'elle y a subies se trouvent indiquées dans les pages 132 et sq. de cet ouvrage.

Au sud du groupe d'armées von Rundstedt opérait le groupement von Kleist, qui, le 10, à 8 h. 45, franchissait la frontière belge, sur le front Bastogne-Arlon. Le XIX° Corps blindé, qui marchait en tête, était disposé en triangle ; la I™ Panzerdivision formait sa pointe, passant par Martelange, Neufchâteau et Bouillon ; en arrière et à droite, la II° Panzerdivision se portait sur Libramont ; en arrière et à gauche, la X° se portait sur Florenville. Le XIX° Corps blindé avait immédiatement derrière lui le XIV° Corps motorisé.

Entre le XXXIX° Corps blindé et le XIX°, le XLI° Corps blindé (corps Reinhardt), avec les VI° et VIII° Panzerdivisionen, assurait la liaison, ayant pour objectif la Meuse de Charleville.

Au total, c'étaient sept divisions blindées qui s'avançaient à peu près côte à côte ; elles avaient franchi le 10 au matin la frontière belge, où leurs sapeurs eurent à fournir un gros travail de déblaiement pour permettre le passage des colonnes. Dans la nuit du 10 au 11, elles atteignaient la ligne générale Neufchâteau-Marche ; et dans la journée du 11, elles se heurtaient partout à notre cavalerie.

La I™ Panzerdivision, qui tient la tête, bouscule la 5° Division Légère de Cavalerie à Bertrix, pousse sur Bouillon, dont nous faisons sauter à temps le pont, et parvient à s'emparer d'un passage de la Semoy, celui de Mouzaive, le 11 au soir ; le 12 au matin, une avant-garde d'engins blindés allemands y passe la Semoy, et pousse jusqu'à la Meuse, qu'elle atteint à Fleigneux et à Saint-Menges, où elle trouve une forte résistance qui ne cède que le 12 au soir. D'autre part, la Ire Panzerdivision monte une nouvelle attaque sur Bouillon; elle y pénètre après une vive lutte, est arrêtée de nouveau à Corbion, et parvient seulement le soir à se lier aux éléments déjà sur la Meuse. On sait comment cette progression, rejetant notre 5e Division Légère de Cavalerie, et notre brigade de spahis, a contribué au repli général de la cavalerie de la 9e Armée; celle-ci était aussi pressée de front, et, dans la nuit du 12 au 13, toutes les avant-gardes blindées allemandes atteignaient le cours de la Meuse entre Sedan et Namur.

Elles tenteront de passer la Meuse droit devant elles, là où elles l'abordent, c'est-à-dire aux différents points et dates indiqués approximativement ci-dessous. Elles trouvent partout les ponts sautés.

XIXe Corps (Guderian) :

X^e, 13 au soir, sud de Sedan.

Ire, 13 au soir, nord de Sedan (Glaires).

IIe, nuit du 13 au 14, Donchery.

XLIe Corps (Reinhardt) :

VIe, 14 dans la journée, Monthermé.

VIIIe, 14 dans la journée, Nouzonville.

XXXIXe Corps (Schmidt) :

VIIe, 13 dans la journée, Givet et au nord.

V^e, 13 dans la journée, Anhée, sud de Houx.

Voyons maintenant de quelle manière les divisions de la 9e Armée ont pu mettre à profit le court répit qu'elles ont eu.

IV. — *MISE EN PLACE DU 2ᵉ CORPS D'ARMÉE* [1]

5ᵉ Division d'Infanterie Motorisée [2] L'ordre d'alerte est reçu le 10 mai vers 6 h. 30. Le mouvement débute dans l'après-midi; il s'effectue en deux colonnes, nord et sud, chacune fractionnée en avant-garde et gros. La zone d'aboutissement est celle de : Saint-Gérard-Lesves-Denée. Transport fait par automobiles.

Les têtes des avant-gardes arrivent sur les chantiers de débarquement vers minuit trente, les débarquements s'effectuent dans la nuit. Les reconnaissances sont immédiatement poussées en avant, la mise en place progressive du dispositif sur la Meuse étant conduite de façon à assurer en première urgence

---

(1) Il est commandé par le général Bouffet et comprend la seule 5ᵉ Division Motorisée, et les éléments organiques du Corps d'armée. Rappelons que la caractéristique de nos divisions motorisées était la possibilité de les enlever tout entières en transports automobiles.

(2) Elle est commandée par le général Boucher, et comprend :
L'infanterie de la division aux ordres du général Dunoyer :
— le 8ᵉ Régiment d'Infanterie;
— le 39ᵉ Régiment d'Infanterie ;
— le 129ᵉ Régiment d'Infanterie.
— Le 1ᵉʳ Groupe de reconnaissance divisionnaire.
L'artillerie divisionnaire :
— le 11ᵉ Régiment d'Artillerie ;
— le 211ᵉ Régiment d'Artillerie.

OCCUPATION DE LA MEUSE (10-13 MAI)

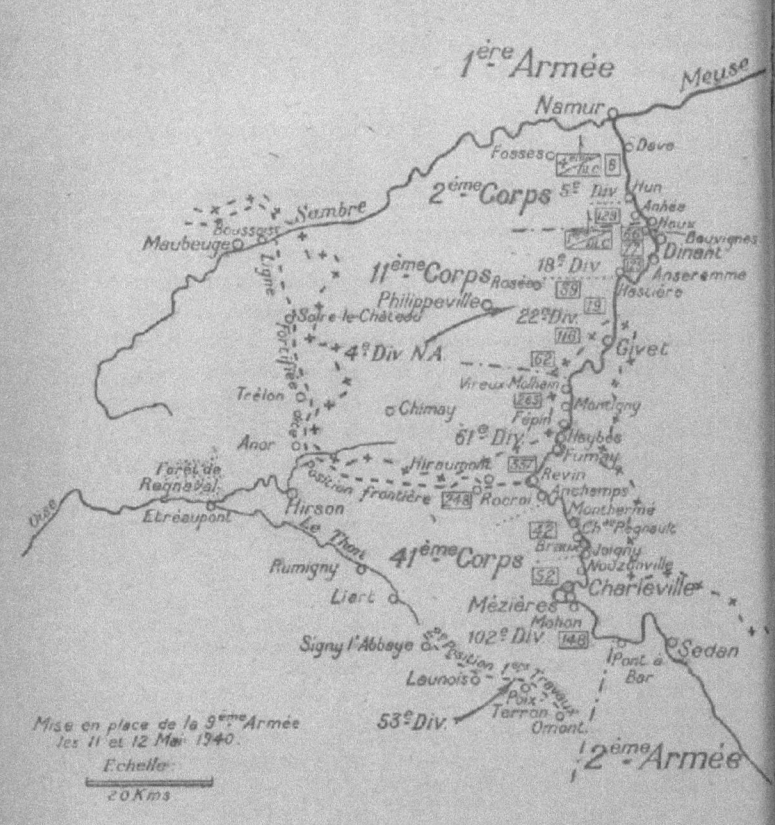

la défense des ponts. Les gros suivent et débarquent dans la journée du 11. L'ensemble de la division est en place sur la Meuse à la tombée de la nuit.

MISE EN PLACE DU 2ᵉ CORPS D'ARMÉE 63

Au matin du 12, le dispositif de la 5ᵉ Division est constitué comme suit :

Sous-secteur nord : 8ᵉ Régiment d'Infanterie, de Dave exclu à Hun inclus avec trois bataillons en premier échelon (du nord au sud, III/8, II/8, I/8).
Artillerie : un groupement d'appui direct de deux groupes, le I/11 et le VI/211.

Sous-secteur sud : 129ᵉ Régiment d'Infanterie, de Hun exclu à Anhée inclus, I/129 et III/129 en premier échelon, le II/129 en réserve de division à Bioul.
Artillerie : un groupement d'appui direct de deux groupes, le III/11 et le V/211 (le II/11 est à la disposition de la 18ᵉ Division).

Le 39ᵉ Régiment d'Infanterie, initialement en réserve d'armée, reçoit l'ordre de mettre le II/39 à la disposition de la 18ᵉ Division au sud d'Anhée.

Dans la soirée, l'artillerie de la 4ᵉ Division Légère de Cavalerie est mise à la disposition de la 5ᵉ Division ; elle est encore renforcée par le 361ᵉ Régiment d'Artillerie Lourde, qui arrive le lendemain 13.

Le 12, vers 14 heures, le général Boucher a reconnu la ligne de résistance, et a ramené le tiers des mitrailleuses au bas des pentes pour mieux battre la rivière. Dans l'après-midi, à Falaën, il a pris contact avec le Général commandant la 18ᵉ Division et amélioré, à leur jonction, la liaison des deux divisions.

A la fin de la matinée du 12, les avant-postes placés sur la rive est se sont repliés. A partir de midi, la

4ᵉ Division Légère de Cavalerie (1) passe progressivement sur la rive ouest. En fin d'après-midi, les ponts sautent. Le pont d'Yvoir est détruit à 16 h. 30, alors que les engins cuirassés allemands s'apprêtaient à le passer; le colonel Taschet des Combes (129ᵉ Régiment d'Infanterie), qui était à ce moment sur la rive est, disparaît au moment de l'explosion. Dans la soirée du 12, vers 19 heures, l'artillerie intervient contre des colonnes à Lustin, Evrehailles.

Le 1ᵉʳ Groupe de Reconnaissance Divisionnaire (qui appartient organiquement à la 5ᵉ Division) s'est placé à Cottaprez en réserve de la division (ouest de Saint-Gérard).

Dès le 12 au soir, le Colonel commandant le 8ᵉ Régiment d'Infanterie rend compte qu'il a vainement cherché, en s'étendant jusqu'à Fooz, à établir sa liaison avec les forces belges de Namur. Le général Bouffet, commandant le 2ᵉ Corps d'armée, prolonge la gauche du 8ᵉ Régiment avec le 1ᵉʳ Groupe de Reconnaissance de Corps d'armée, jusqu'à Wépion.

Le 12, en fin de journée, la 5ᵉ Division a donc, en place sur la Meuse, *cinq bataillons sur neuf*. Un bataillon a été prêté à la 18ᵉ Division, trois sont en réserve. Les mouvements se sont effectués de manière satisfaisante malgré l'encombrement des itinéraires, et quelques interventions de l'aviation ennemie dont les conséquences n'ont pas été graves.

---

(1) Voir ci-dessus : Journée du 12 mai. 4ᵉ Division de Cavalerie.

V. — *MISE EN PLACE DU 11ᵉ CORPS D'ARMÉE* [1]

a) **18ᵉ Division** [2] Pour la 18ᵉ Division, le dispositif à réaliser sur la Meuse comporte le déploiement de sept bataillons, répartis en trois sous-secteurs de régiments : du nord au sud, le 66ᵉ (deux bataillons), le 77ᵉ (trois bataillons), le 125ᵉ (deux bataillons). En réserve, demeurent deux bataillons placés au nord et au sud du centre du dispositif.

Il est prévu, pour avoir au plus tôt une couverture sur la Meuse, que deux bataillons (l'un du 66ᵉ, l'autre du 77ᵉ) seront, dès le premier jour, mis en place par transport automobile. Le reste de la division doit faire, à pied, trois étapes normales; il est réparti en deux échelons, avant-garde et gros, sur trois itinéraires (3).

---

(1) Il est commandé par le général Martin et comprend les 18ᵉ et 22ᵉ Divisions et les éléments organiques du Corps d'armée.
(2) Elle est commandée par le général Duffet, et l'infanterie divisionnaire par le colonel de Saint-Fergeux. Elle comprend :
— le 66ᵉ Régiment d'Infanterie ;
— le 77ᵉ Régiment d'Infanterie ;
— le 125ᵉ Régiment d'Infanterie ;
— le Groupe de reconnaissance divisionnaire ;
— le 19ᵉ Régiment d'Artillerie ;
— le 219ᵉ Régiment d'Artillerie.
(3) Cette division, comme toutes nos divisions non motorisées, avait son matériel de toute nature à traction hippomobile. On

Le 10 mai, la 18ᵉ Division se trouve dans la région d'Aubenton. L'alerte est donnée à 7 heures du matin; suivant l'horaire établi dans le plan, les avant-gardes partent à 15 h. 30, les bataillons de couverture, transportés en auto, à 16 h. 30. En fin de journée, le I/66 est déployé sur la partie nord du secteur de la région de Houx jusqu'à Bouvignes; le bataillon du 77ᵉ tient la partie sud jusqu'à Hastière.

Le 2ᵉ Bataillon du 39ᵉ Régiment d'Infanterie (5ᵉ Division) est mis à la disposition de la 18ᵉ Division au cours de la journée du 11; il est donné au Lieutenant-Colonel commandant le 66ᵉ, pour tenir le nord du secteur, en liaison avec la 5ᵉ Division, ce qui permettra de renforcer la défense dans la région de Dinant, en resserrant vers Bouvignes le I/66.

Le 11 mai, vers 8 heures, le général Duffel passe, sur le front de Meuse, une inspection, dont il est peu satisfait. Des embarcations et des traverses, ainsi que de grandes pinasses, se trouvent sur la rive opposée; on les en fait retirer. A Hastière, le bataillon de la 22ᵉ Division, qui doit assurer la garde du village jusqu'à l'arrivée de la 18ᵉ Division, et qui vient de Givet, n'est pas encore en place.

Au début de l'après-midi, le général Corap et le général Martin commandant le 11ᵉ Corps viennent au poste de commandement de la division. Derrière

---

ne pouvait donc envisager son transport total par automobiles, qu'en embarquant en camions tout ou partie des chevaux, au prix de certaines complications, qui réduisaient le gain de temps.

les deux bataillons en place, s'acheminent trois bataillons d'avant-garde et quatre bataillons du gros. Ils ont quatre-vingt-cinq kilomètres à faire. Décision est prise de hâter le mouvement, en transportant par autos deux bataillons de l'avant-garde. Les avions ennemis, impunément, survolent la zone, avec audace, et en grand nombre. Le 2ᵉ Bataillon du 39ᵉ Régiment est poussé vers Grange. Les Colonels du 66ᵉ et du 77ᵉ établissent leur P. C. à la ferme de Grange (3 km. au sud d'Anhée) et à la ferme Chestruvin (3 km. ouest de Bouvignes).

Le 12 mai, dans la matinée, le général Duffet prend liaison avec le général d'Arras, commandant la 1ʳᵉ Division Légère de Cavalerie à Celles. Il y apprend que la cavalerie se replie déjà et trouve, au retour, à son P. C. de Falaen, le général Martin.

Dans l'après-midi, le 2ᵉ Bataillon du 39ᵉ Régiment, mis à la disposition du 66ᵉ Régiment, rend compte qu'il est en place dans le secteur qui lui a été assigné, qu'il a relevé le I/66, sauf quelques éléments, vers l'île de Houx, qui ne seront relevés eux-mêmes que dans la nuit du 12 au 13. Les bataillons d'avant-garde qui ont été poussés en auto arrivent. Celui du 66ᵉ (II/66) est placé en réserve de la 18ᵉ Division au château de Montaigle. Il détache une compagnie à la disposition du II/39 pour renforcement vers l'île de Houx. Puis, la 1ʳᵉ Division Légère de Cavalerie se replie; le pont de Dinant saute à 16 h. 20; celui de Bouvignes, à 16 h. 40; celui d'Anseremme, à 16 h. 30; le pont d'Hastière saute le dernier à 21 heures.

68 OCCUPATION DE LA MEUSE (10-13 MAI)

Le général d'Arras demande que ses troupes, fatiguées par leur action des 11 et 12, puissent se regrouper. Néanmoins, il est prudent, puisque l'ennemi approche, de combler les vides, là où les derniers éléments attendus ne sont pas encore en place (tel est le cas du sous-secteur du 77ᵉ, où le 3ᵉ Bataillon n'est pas encore arrivé, et du sous-secteur du 125ᵉ, où ne fait qu'apparaître le bataillon d'avant-garde). Il est donc convenu que le 19ᵉ Dragons tiendra la région d'Hastière avec une compagnie du I/125 et que le 5ᵉ Dragons Portés renforcera la défense de la partie sud du sous-secteur du 77ᵉ. Le reste de la division de cavalerie est replié dans la région de Weillen.

En résumé, le soir du 12 mai, les troupes de la 18ᵉ Division sont ainsi réparties :

Au nord, dans la région de Grange, le bataillon II/39 en liaison avec la 5ᵉ Division Motorisée. Dans la région Bouvignes - Sommière - Hontoir - Montaigle, deux bataillons du 66ᵉ, dont deux compagnies, en réserve de division, sont vers Montaigle. Dans la région de Dinant, deux bataillons du 77ᵉ que sont venus prolonger vers Anseremme des éléments du 5ᵉ Dragons Portés. Un bataillon du 125ᵉ se met en place dans la région de Freyr (sur la Meuse, 3 km. en amont d'Anseremme), ayant détaché au sud, vers Hastière, une compagnie que sont venus renforcer des éléments du 19ᵉ Dragons. En réserve de division, les deux compagnies de Montaigle, et à Weillen, le 1ᵉʳ Chasseurs et les auto-mitrailleuses.

Comme artillerie, le 308ᵉ (régiment de 75 porté de

MISE EN PLACE DU 11ᵉ CORPS D'ARMÉE 69

renforcement) est en position; la mise en place de deux groupes de la 1ʳᵉ Division Légère de Cavalerie est en cours. De l'artillerie de la 18ᵉ Division, seules, les batteries de 75 de l'avant-garde arrivent à pied d'œuvre.

De ce dispositif, à quelques heures de l'attaque, on peut dire que son installation, hâtivement faite, n'a pas permis de coordonner parfaitement le détail des plans de feu, ni de vérifier si chacun a complète connaissance de sa mission et de son terrain d'action.

b) **22ᵉ Division** [1] La 22ᵉ Division stationne dans la région comprise entre Rethel au sud et Rumigny au nord. Un détachement, dit de Givet, est installé le long de la Meuse depuis la frontière franco-belge (Bac du Prince) jusqu'au passage à niveau de Vireux-Molhain, où il est en liaison avec

---

(1)Elle est commandée par le général Hassler. L'I.D. est aux ordres du général Béziers-Lafosse. Toutefois, le général Hassler étant indisponible, c'est le général Béziers-Lafosse qui commande la division le 10 mai. Le colonel Lannier commande l'I.D. par intérim.

Sa composition est la suivante :
— 19ᵉ Régiment d'Infanterie;
— 62ᵉ Régiment d'Infanterie ;
— 116ᵉ Régiment d'Infanterie.
Le Groupe de reconnaissance divisionnaire.
L'artillerie divisionnaire :
— 18ᵉ Régiment d'Artillerie;
— 218ᵉ Régiment d'Artillerie.

la 61ᵉ Division. Ce détachement doit initialement se porter tout entier sur son terrain et s'étendre en plus, au delà de la frontière belge, jusqu'au Rocher des Patriotes, près d'Hastière, en liaison avec la 18ᵉ Division. En fin de dispositif, la 22ᵉ Division doit être ainsi répartie : A gauche, en territoire belge, depuis le Rocher des Patriotes jusqu'au Bac du Prince, le 19ᵉ Régiment d'Infanterie. Au centre, le 116ᵉ Régiment d'Infanterie. A droite, le 62ᵉ Régiment d'Infanterie. Il est convenu que la 18ᵉ Division, lorsqu'elle sera en place, doit relever les unités du 19ᵉ Régiment depuis le Rocher des Patriotes jusqu'au village d'Hastière inclusivement.

Le télégramme d'alerte est reçu le 10 mai, vers 6 heures. Ce matin-là, précisément, tant à Givet qu'à Rumigny, toutes les troupes ont quitté de bonne heure leur cantonnement pour exécuter un exercice de garnison. Leur rappel exige un certain délai, mais le retard qui s'ensuit n'exercera finalement aucune influence sur l'ensemble des mouvements prévus.

Les avant-gardes réussissent à gagner la Meuse dans la première partie de la nuit du 12 au 13 mai. Les gros y parviennent le 13 au matin.

Plus heureuse que ses voisines de gauche, la 22ᵉ Division ne sera pas attaquée dans la nuit du 12 au 13; sa mise en place, hâtivement réalisée le 12 au soir, se complète le 13 au matin; elle comprend : le 19ᵉ au nord, le 116ᵉ au centre, le 62ᵉ au sud.

Dès le 12, les routes entrant à Givet sont obstruées d'une foule de civils évacués dans le plus grand désordre, qui se précipitent pour passer à l'ouest de la Meuse. On dit que les fantassins ennemis commencent à apparaître sur le plateau de Mesnil-Saint-Blaise. Givet reçoit des projectiles sans arrêt. Les avions ennemis bombardent et mitraillent les troupes, les cantonnements et les postes de commandement, surtout à Romedenne et à Vodelée où une batterie d'artillerie est en partie anéantie, tous ses chevaux ayant été tués dans les rues du village.

**

VI. — *MISE EN PLACE DU 41ᵉ CORPS D'ARMÉE* [1]

a) **61ᵉ Division** [2]   La 61ᵉ Division tient le front Vireux-Mohlain exclu à Anchamps inclus.

Deux régiments sont dans la vallée de la Meuse : le 265ᵉ Régiment d'Infanterie au nord, le 337ᵉ au sud ; le 248ᵉ se trouve dans la clairière de Rocroi.

---

(1) Il est commandé par le général Libaud et comprend la 61ᵉ Division et la 102ᵉ Division de Forteresse.
(2) Elle est commandée par le Général Vauthier, l'Infanterie divisionnaire par le colonel Vallet.
Elle comprend :
— le 248ᵉ Régiment d'Infanterie ;
— le 265ᵉ Régiment d'Infanterie ;
— le 337ᵉ Régiment d'Infanterie.
Artillerie divisionnaire :
— le 51ᵉ Régiment d'Artillerie.

Le poste de commandement de la division est à Rimogne. Le général a un poste de combat à Hiraumont.

Aucun événement notable les 10 et 11 mai. Le 12 à la tombée de la nuit, l'ennemi paraît au bord de la Meuse. Le pont nord de Fumay saute à 17 h. 30. Au cours des trois journées, l'action de l'aviation ennemie s'est affirmée en maints endroits (Haybes, Fépin, Montigny).

b) **102ᵉ Division de Forteresse** [1] Son secteur va d'Anchamps exclu, à 800 mètres à l'ouest de la Bar. De la gauche à la droite, son dispositif comprend la 42ᵉ Demi-Brigade de Mitrailleurs Coloniaux, la 52ᵉ Demi-Brigade, le 148ᵉ Régiment.

La 42ᵉ Demi-Brigade défend le sous-secteur de Monthermé. Au nord, le 1ᵉʳ Bataillon tient Laifour et Deville. Au centre, le 2ᵉ Bataillon tient Monthermé et Château-Regnault. Au sud, le 3ᵉ Bataillon occupe Braux et Joigny. Le P. C. du colonel est à Sécheval.

Aucune autre action que celle de l'aviation ennemie ne marque les journées des 10 et 11. Le 12 au matin, des détachements de dragons se replient. Tous les

---

(1) Elle est commandée par le général Portzert et comprend :
— la 42ᵉ Demi-Brigade de Mitrailleurs d'Infanterie Coloniale;
— la 52ᵉ — — —
— le 148ᵉ Régiment d'Infanterie de Forteresse;
— le 160ᵉ Régiment d'Artillerie de Forteresse.

ponts sautent à temps. Les premiers éléments allemands sont aperçus vers 19 heures.

La 52ᵉ Demi-Brigade tient le sous-secteur d'Etion qui comprend : la tête de pont de Mézières, Montcy-Notre-Dame et Nouzonville.

Plus au sud, le 148ᵉ Régiment tient sur la Meuse, avec ses trois bataillons en ligne, le sous-secteur de Boulzicourt, au sud de Mézières, de Mohon (inclus) à Pont-à-Bar (exclu) — à la 2ᵉ Armée.

VII. — *TABLEAU DU TERRAIN D'ACTION ET DE L'ÉTAT DES TROUPES DE LA 9ᵉ ARMÉE*

Tel est le tableau de la mise en place sur la Meuse des divisions de la 9ᵉ Armée le 12 au soir. Il nous permet de résumer la situation à cette date, c'est-à-dire à quelques heures des premiers assauts sur le front de la Meuse.

Depuis La Foulerie, près de l'embouchure de la Bar, jusqu'à Dave, immédiatement au sud de la place de Namur, soit sur un front de cent kilomètres environ, les éléments de la 9ᵉ Armée bordent le fleuve. On peut dire que le dispositif de défense prévu est réalisé, mais va se trouver engagé dans la bataille sans avoir toute la force qu'on avait entendu lui donner.

Les dispositions prises devaient aboutir, d'après le plan préparé, à une mise en place totale des troupes, installées, et en possession de tous leurs moyens, pour le jour « J 5 », c'est-à-dire le 14 mai. On avait, en effet, estimé que, compte tenu de la résistance belge, et de l'action de notre cavalerie et de notre aviation, l'ennemi ne serait en mesure d'entamer une action de force sur la Meuse qu'à partir du sixième jour, c'est-à-dire le 15. Nous avions cru aussi que le passage de la Meuse ne pourrait être tenté par l'ennemi qu'avec l'appui d'une artillerie nombreuse, puissante, exigeant quelques délais pour son installation. On aurait ainsi le temps de renforcer nos moyens de contre-attaque. Il n'en fut rien. Les difficultés du terrain ardennais, les destructions faites par les Belges, la résistance de leurs troupes, l'engagement de notre cavalerie n'avaient pas empêché l'ennemi d'aborder en force la Meuse le 12 au soir. Il allait aussitôt en tenter le passage, tandis que son aviation lui donnait, sans délai, l'appui de feux nécessaire.

Que valait notre position défensive, et comment se présentait-elle à l'assaillant?

Dans l'ensemble, le terrain est celui de l'Ardenne, que la Thiérache prolonge vers l'ouest. Une opinion, autrefois très répandue, et qu'on peut lire encore dans les anciens traités de géographie militaire, prétendait le « massif des Ardennes » trop difficile à parcourir pour être jamais une voie d'invasion; à l'heure présente, on savait qu'il n'en était plus ainsi; à l'examen d'une carte routière récente, il apparaissait que les itinéraires de qualité suffisante pour des colonnes automobiles y formaient un réseau serré, sans toutefois atteindre la densité routière des terrains faciles de la plaine belge. Si on repère les chemins par rapport au front de la 9ᵉ Armée, on peut dire que de nombreux itinéraires parallèles, tous praticables à l'automobile, orientés d'est en ouest, aboutissaient entre Givet et Namur, venant de la frontière allemande et pouvaient se prolonger au delà de la Meuse, pour atteindre notre territoire entre Maubeuge et Hirson. Plus au sud, les routes venant d'Allemagne sont plus clairsemées; leur faisceau se dirige sur la vallée supérieure de la Meuse et la région de Charleville et de Sedan; mais, à partir de là, un réseau routier très développé conduit aisément à la vallée supérieure de l'Oise.

La Meuse, qui définit le front de la 9ᵉ Armée, coule dans une vallée généralement encaissée et profonde, mais la valeur de son obstacle se trouve souvent diminuée, parce que ses rives boisées se prêtent aux infiltrations, ses sinuosités augmentent l'étendue de terrain à battre et que le défenseur manque de vues et de champs de tir vastes. En outre, par ses barrages, ses écluses, ses îles, elle offre des points de passage favorables.

Dans quelle mesure, l'organisation militaire du terrain a-t-elle renforcé sa valeur défensive?

Sur la Meuse belge, de Namur à Givet, il n'existe aucune organisation défensive. Seules, ont été préparées des destructions de ponts, lesquelles ont toutes joué à temps, ainsi qu'on l'a vu.

Sur la Meuse, en territoire français, de Givet à Revin, Mézières et la Bar, un réseau de fil de fer, terminé sur tout le front, double l'obstacle de la rivière. A Mézières est constituée, sur la rive droite, une tête de pont, dont l'obstacle (fossé et réseau) est achevé. Tout le long de cette ligne principale de résistance existent des blockhaus dont la plupart sont achevés, quelques autres en construction. Sur la ligne d'arrêt, le réseau de fil de fer est terminé; il n'y a pas encore d'ouvrages; aux avant-postes, quelques maisons fortes ont été construites sur les routes donnant accès à Mézières et à Monthermé.

D'autre part, une position fortifiée a été établie sur la frontière franco-belge, qui comporte, de Trélon à Revin, se reliant sur sa gauche aux défenses du secteur de Maubeuge, une ligne de résistance solidement constituée. L'obstacle (fossé large de cinq à sept mètres, champs de rails, ou autre mode de défense antichars, que double un réseau de fil de fer) est terminé; il est couvert par les feux de blockhaus, construits à forte protection de béton. Il s'y ajoute une ligne d'arrêt comportant, elle aussi, obstacle continu et blockhaus, mais qui n'a été complètement organisée que dans les trouées de Trélon et d'Anor. A l'intérieur de la position, court un réseau enterré de transmissions; quelques abris pour les réserves y sont terminés.

Il faut tout de suite remarquer que cette position qui suit le tracé de la frontière se trouve ainsi orientée d'est en ouest, sauf à son extrémité gauche, où les deux trouées d'Anor et de Trélon sont barrées face à l'est.

TERRAIN D'ACTION ET ÉTAT DE LA 9ᵉ ARMÉE

Enfin, une deuxième position a été prévue et tracée; elle est jalonnée par la forêt du Regnaval (sud de La Capelle), Etréaupont, la vallée du Thon, Rumigny, Liart, Signy-l'Abbaye, Launois, Poix-Terron, Omont (liaison avec la 2ᵉ Armée). Les travaux n'ont encore été entrepris qu'entre Poix-Terron et Signy-l'Abbaye; les obstacles, et quelques blockhaus également, s'y trouvent terminés.

Ainsi, face à la direction de marche de l'ennemi, il y a, comme organisation défensive, celle qui a été faite le long de la Meuse, depuis la Bar jusqu'à Givet; soixante kilomètres en arrière, se trouve l'ensemble formé par la position principale du secteur fortifié de Maubeuge, qui va de Boussois à Trélon par Solre-le-Château, et les deux barrages de Trélon et d'Anor. Le reste de nos travaux de fortification, dans la zone de la 9ᵉ Armée, se trouve orienté dans le sens est-ouest, comme l'est la frontière franco-belge, et va de la Meuse, en aval de Charleville, jusqu'à la forêt d'Anor.

Au surplus, la valeur de cette organisation défensive, faite à partir de 1936 pour faciliter la mission de nos troupes de couvertures, dépendait des conditions de son occupation. Des troupes aguerries, mises en place assez tôt, utilisant tous les flanquements de feux, pouvaient et devaient en tirer grand profit. Les blockhaus (plus simplement appelés les « blocs »), faits de 1937 à 1939, avaient des épaisseurs de béton qui les mettaient à l'épreuve de l'artillerie lourde, et abritaient aussi bien leurs occupants (une dizaine d'hommes par

OCCUPATION DE LA MEUSE (10-13 MAI)

bloc) contre les bombardements d'aviation. La partie faible de ces ouvrages résidait dans leurs embrasures; toutes n'étaient pas encore munies des garnitures en acier qui devaient permettre le tir du canon antichars et de la mitrailleuse de chaque ouvrage, tout en protégeant le personnel contre les obus explosifs et perforants tirés par les engins cuirassés ennemis.

**

Sur le terrain dont la description vient d'être faite, la 9ᵉ Armée s'est, comme nous l'avons vu, mise en ligne.

Entre la 1ʳᵉ et la 2ᵉ Armée, occupant un front de 100 km. environ, elle a porté sur la Meuse la majeure partie de son infanterie et de son artillerie, les poussant en avant plus vite qu'au rythme prévu; mais cette avance, rendue nécessaire par la rapidité de la progression ennemie, n'a été obtenue qu'au prix d'une certaine fatigue. Bataillons d'infanterie, groupes d'artillerie sont en place; tous n'ont pas eu le temps de procéder à des reconnaissances détaillées, d'affermir leurs liaisons, d'ajuster leurs feux.

Les trois Corps d'armée de la 9ᵉ Armée se partagent ce front :

A gauche, le 2ᵉ Corps d'armée et sa 5ᵉ Division d'Infanterie Motorisée assurent la liaison avec la place de Namur, et par elle, avec la 1ʳᵉ Armée; il s'étend de Dave à Houx, soit 16 km (1).

---

(1) Ces kilométrages tiennent compte, au moins partiellement, des méandres de la Meuse.

Au centre, le 11ᵉ Corps d'armée, de Houx à Vireux-Molhain, interdit les directions Philippeville et Chimay avec la 18ᵉ Division de Houx à Hastière, soit 16 km., et la 22ᵉ de Hastière à Vireux, soit 18 km.

A droite, le 41ᵉ Corps porte son effort principal de défense sur la trouée de Mézières avec la 61ᵉ Division sur 25 km. et la 102ᵉ Division sur 40 km.

Le 12 au soir, sont en réserve, indépendamment des deux divisions de cavalerie :

La 4ᵉ Division d'Infanterie Nord-Africaine derrière le 11ᵉ Corps d'armée (son arrivée dans la région de Philippeville-Rosée était initialement prévue pour le 15);

La 53ᵉ Division d'Infanterie destinée, d'abord, à aller renforcer la position de défense en territoire national, et qui fait mouvement dès la nuit du 11 au 12, pour se porter à l'ouest et au sud-ouest de Mézières.

Des unités de réserve générale sont, en outre, à la disposition de la 9ᵉ Armée :

Ce sont :

Une artillerie de divers calibres (trois à quatre régiments et deux batteries de 47 antichars);

Deux bataillons de chars modernes, un bataillon de chars F. T. (1);

Trois groupes de canons de 75 D. C. A. et trois batteries de 25.

---

(1) Chars Renault, datant de 1915, mais dont le cuirassement et l'armement ont été améliorés, pour la plupart d'entre eux.

Au total, sept divisions; deux comprennent essentiellement des unités actives (5ᵉ Division et 4ᵉ Division Nord-Africaine); les 18ᵉ et 22ᵉ Divisions sont des divisions « de formation », c'est-à-dire ayant une proportion de réservistes plus élevée; les 53ᵉ et 61ᵉ Divisions sont des divisions dites de « série B », formées d'hommes de classes anciennes et ne comprenant qu'un pourcentage infime d'éléments actifs; la 102ᵉ Division est une unité de constitution récente, dite « de forteresse », dont les moyens de combat et surtout de déplacement sont inférieurs aux autres.

A l'exception des deux divisions actives, les unités n'ont pas leur dotation complète d'armes antichars (1).

De la valeur propre de ces grandes unités que peut-on dire? Qu'elles ne sont ni pires, ni meilleures que les autres et qu'elles représentent, chacune dans sa catégorie, ce que valent la moyenne des divisions de notre armée.

Armement et équipement réglementaires étaient au complet, sauf ce qui vient d'être dit pour les armes antichars. Les effectifs comportaient un léger déficit, très fortement aggravé par l'absence des permissionnaires représentant un pourcentage de 10 à 15 %.

---

(1) Cette dotation, faite progressivement depuis la fin de 1938, devait être terminée en juin 1940. Elle était très inférieure à ce qui est aujourd'hui reconnu nécessaire (de l'ordre du décuple). Il y a lieu de noter que les Allemands, tout en ayant une proportion d'armes antichars un peu plus forte que la nôtre, étaient très loin d'atteindre pareil chiffre.

Pendant les mois d'un hiver assez froid, les troupes avaient eu à faire de nombreux travaux d'installation; beaucoup avaient été employées à l'achèvement de nos positions de défense; dans la plupart des unités combattantes, l'instruction avait été constamment poursuivie. La cohésion, cimentée par huit mois de vie de campagne, avait parfois souffert de prélèvements faits sur les cadres et la troupe pour les besoins de l'industrie de guerre à l'intérieur.

Quoi qu'aient pu prétendre des jugements hâtifs, le moral des nôtres en mai 1940 était bon, et leur sens du devoir intact. A l'épreuve de la bataille, les caractères les mieux trempés ont quelquefois des moments de faiblesse, comme ils ont aussi des sursauts d'héroïsme; nous marquerons les uns et les autres, au cours de ce récit, où les faits en témoigneront : un des buts de l'Histoire n'est-il pas de nous apprendre à connaître les hommes? Mais la plupart de nos officiers et de nos hommes de troupe ne savaient de la guerre, que ce qu'avait appris aux jeunes la période d'attente qui venait de s'écouler, ou ce qui restait aux anciens de leurs souvenirs des tranchées. Ils ignoraient les formes nouvelles de fatigue physique et de tension morale qu'apportait l'entrée dans la lutte de masses d'avions et de chars blindés; ils se croyaient à égalité de moyens avec leurs adversaires. Ceux-ci, au contraire, venaient au combat avec l'assurance, la maîtrise et l'audace que leur avaient données quatre ans d'expériences heureuses en Espagne, en Autriche, en Bohême et en Pologne.

Enfin, et parce que l'aviation ennemie va jouer, au cours des événements qui vont suivre, un rôle essentiel, il convient de préciser que le 1ᵉʳ Groupe d'Armées (G. A. 1.), dont fait partie la 9ᵉ Armée, ne dispose, pour couvrir l'ensemble de ses opérations, que de dix groupes de chasse, y compris les groupes organiques des armées, et que les nécessités de notre manœuvre ont conduit à en donner la majeure partie aux 1ʳᵉ et 7ᵉ Armées. Il s'ensuit que l'aviation française apparaît dans un état d'infériorité impressionnante vis-à-vis des forces aériennes ennemies, et que celles-ci pourront, à peu près impunément, exercer sur nos troupes une action dont nous ne manquerons pas de constater les déplorables effets.

Tels sont le cadre, la scène et les acteurs du drame proche et dont les péripéties successives seront marquées par la bataille de la Meuse (13 et 14 mai), la retraite vers la frontière (15 et 16 mai), la défense sur l'Oise et sur la Sambre (17 et 18 mai). L'issue est l'anéantissement total de la 9ᵉ Armée.

CHAPITRE III

LA BATAILLE SUR LA MEUSE
(13 et 14 mai 1940)

I. — NUIT DU 12 AU 13 MAI ET JOURNÉE DU 13 MAI AUX 2ᵉ ET 11ᵉ CORPS D'ARMÉE

La bataille sur la Meuse s'ouvre par un prologue brutal : dans la deuxième partie de la nuit du 12 au 13 mai, l'ennemi franchit la Meuse à l'île de Houx. Utilisant le terrain de l'île, s'aidant de l'écluse n° 5, des éléments gagnent la rive gauche et presque sans coup férir s'infiltrent dans les bois au nord de Grange. L'affaire s'est passée devant le Bataillon II/39, dont nous savons déjà qu'il appartient à la 5ᵉ Division et a été mis à la disposition du 11ᵉ Corps d'armée pour renforcer, à leur gauche, les avant-gardes de la 18ᵉ Division sur la Meuse; c'est donc à peu près à la limite

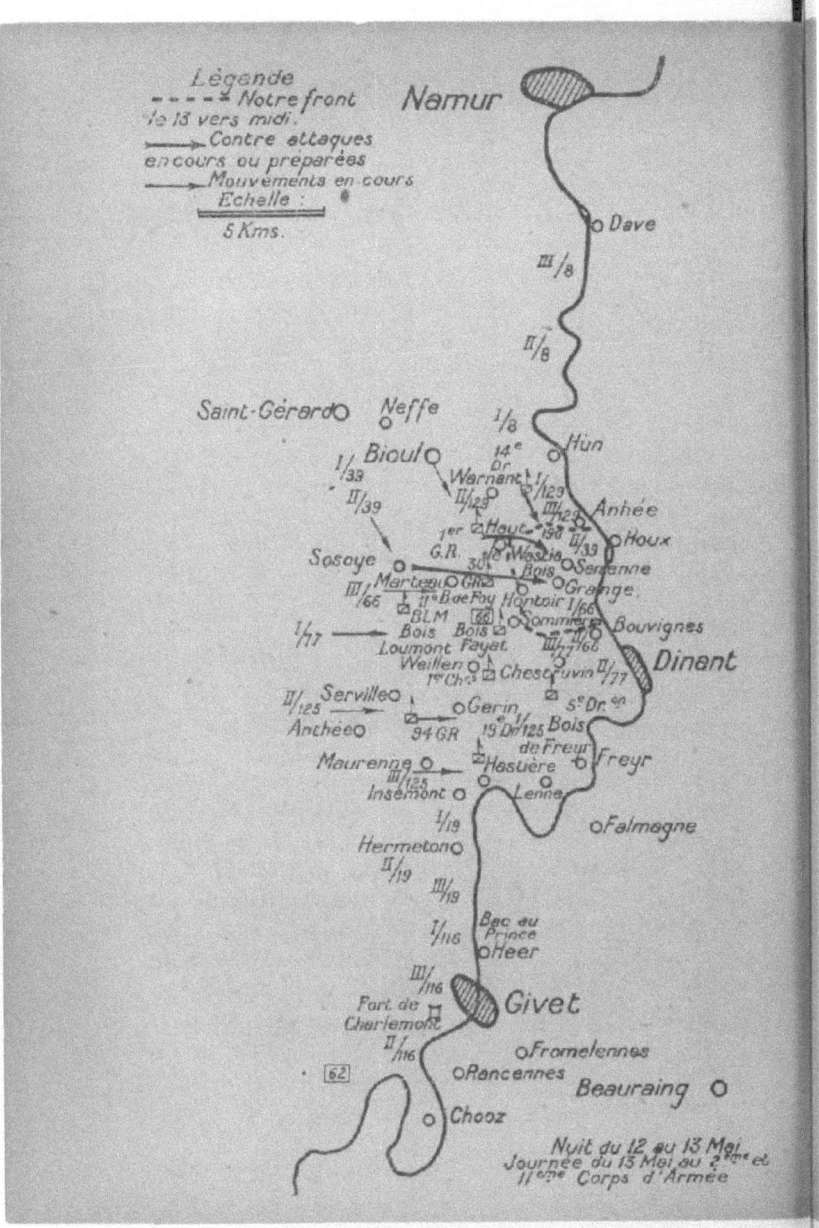

des 5ᵉ et 18ᵉ Divisions, et, sans doute, l'ennemi ne l'ignore-t-il pas. On ne saurait en effet tenir pour hasard, ou coïncidence, toute la série des attaques semblables menées aux points de jonction toujours délicats des divisions ou des armées.

C'est à 1 heure du matin que le Général commandant la 5ᵉ Division apprend à son P. C. de Neffe, à l'est de Saint-Gérard, le franchissement de l'île de Houx. Vers 6 heures, il est rendu compte que toute liaison est rompue avec le II/39 et que l'infanterie ennemie menace le château de Senenne. Des actions d'artillerie sont déclenchées et, à 6 h. 30, le Général commandant la 5ᵉ Division alerte le 1ᵉʳ Groupe de Reconnaissance Divisionnaire et le charge de rétablir la liaison en portant un escadron motocycliste et deux pelotons d'auto-mitrailleuses de reconnaissance dans la direction bois du Curé-île de Houx. A 7 heures, l'ennemi continuant à s'infiltrer vers le château de Senenne, ordre est donné au groupe de reconnaissance tout entier de se porter dans la région Haut-le-Wastia-Grange en vue de rétablir la liaison entre les deux divisions. A 8 heures, arrive le renseignement que l'ennemi a débordé par le sud le village d'Anhée, et s'est emparé, à l'ouest d'Anhée, du piton 190 et, au sud, du château de Senenne, où le Commandant du III/129 s'est replié, tandis que les éléments de son bataillon continuent à combattre. Le Colonel commandant le 1ᵉʳ Groupe de Reconnaissance Divisionnaire reçoit le commandement du sous-secteur allant de Hontoir à Warnant exclu.

Peu après, vers 8 h. 30, le général Bouffet, qui commande le 2ᵉ Corps, donne au Général commandant l'infanterie de la 5ᵉ Division le commandement du secteur allant de Houx à Hontoir, en plaçant sous ses ordres le I/129, le III/129, le 1ᵉʳ Groupe de Reconnaissance Divisionnaire et en mettant à sa disposition le II/129 en réserve à Bioul. Ordre est donné à ce dernier de se porter à Haut-le-Wastia, et au 1ᵉʳ Groupe de Reconnaissance Divisionnaire de reprendre la cote 190. Celui-ci enraye l'avance allemande vers Haut-le-Wastia, mais son action ne peut obtenir d'autre résultat, car le II/129 pris à parti, dès Bioul, par l'aviation allemande et constamment harcelé mettra neuf heures pour atteindre Haut-le-Wastia.

A 12 heures, les Allemands continuent à s'infiltrer dans le bois de Grange. Du Bataillon II/39, plus aucune nouvelle.

A la 18ᵉ Division, l'événement a été également tôt appris et notamment par un compte rendu du Lieutenant-Colonel commandant le 66ᵉ. On y sait que l'ennemi occupe les lisières ouest du bois de Surinvaux (1). La gauche du 66ᵉ s'est repliée. Le II/66 tient les lisières est du bois de Foy en liaison avec le Groupe de Reconnaissance Divisionnaire 30. L'action de l'aviation ennemie, qui bombarde et mitraille, est intense. Pas un avion allié dans le ciel!

Pour les éléments sud de la division, les liaisons entre le P. C. de la division et les régiments sont

---

(1) Est de Haut-le-Wastia.

pénibles; les fils sont coupés. Elles ont cessé avec le 77°, n'ont pu être établies avec le 125°. La radio ne fonctionne pas. On n'a plus de motocyclettes.

En fin de matinée, le 66° tient les lisières est du bois de Foy, la ferme Hontoir. Sommière est tenu, par intermittence, par les auto-mitrailleuses de combat du 1ᵉʳ Régiment d'Auto-Mitrailleuses. La ligne du 77°, en angle droit avec celle du 66°, passe au nord de la ferme de Chestruvin pour suivre les hauteurs dominant la Meuse. Le P. C. du régiment ne cesse d'être pris à parti par l'aviation ennemie. Le 125° est toujours dans les bois de Freyr. Hastière est tenu par quelques éléments de ce régiment, et des éléments du 19° Dragons. La liaison est mal établie avec la 22° Division.

Le 1ᵉʳ Régiment de Chasseurs a pris position dans le bois Fayat et à Weillen. Les 19° et 219° Régiments d'Artillerie commencent à arriver sur les positions.

Le Général commandant la 18° Division tente de pousser en avant les bataillons du gros qui ont fait, dans la nuit du 12 au 13, une étape de trente kilomètres. Le Bataillon III/66 est dirigé sur Marteau; le I/77, sur le bois de Loumont. Le II/125 est poussé sur Serville-Anthée; le III/125, sur Maurenne-Hastière. Le Groupe de Reconnaissance Divisionnaire 94 reçoit comme axe de marche la direction de Gerin avec mission de barrer la route de Philippeville.

A ces mesures prises par la 18° Division, agissant sur ses propres réserves, s'ajoutent celles qu'elle prend pour exécuter les ordres qui lui parviennent des échelons supérieurs et utiliser les moyens supplémentaires qui lui sont donnés.

C'est ainsi que le Général commandant la 18ᵉ Division reçoit l'ordre de contre-attaquer; le 39ᵉ Régiment (à deux bataillons) est mis à sa disposition. Le premier de ces bataillons se porte sur Sosoye.

Au début de l'après-midi, le Général commandant le 11ᵉ Corps d'armée se trouve au P. C. de la 18ᵉ Division, où il a convoqué le Colonel commandant le 39ᵉ Régiment d'Infanterie. Ce dernier, en auto, a rencontré un groupe d'éclaireurs allemands, auquel il a échappé de justesse, au pont de la voie ferrée de Sosoye. Décision est prise de monter une contre-attaque pour reprendre le bois de Surinvaux, et refouler à la Meuse les éléments ennemis qui se trouvent sur la rive ouest. La réussite de l'action assurerait, en outre, la position des deux bataillons du 66ᵉ, qui commencent à donner des signes de lassitude. Appuyée par l'artillerie et par une compagnie de chars, l'attaque doit se déclencher à 19 h. 30.

Du reste de la division, on sait peu de chose : le 77ᵉ paraît avoir reflué. Sur le 125ᵉ, on ne sait rien.

A 18 h. 30, le Colonel du 39ᵉ Régiment d'Infanterie communique par téléphone qu'il ne sera pas prêt à l'heure fixée. L'heure H est fixée à 20 heures.

A 19 h. 45, il rend compte à nouveau que l'attaque ne pourra avoir lieu à 20 heures. Il s'ensuit que, seule, à 20 heures la compagnie de chars se porte dans le bois de Grange; les chars balaient ce qu'ils trouvent devant eux, et ramènent huit prisonniers dans la nuit qui tombe.

Revenons à la 5ᵉ Division. Vers 16 heures, le Général commandant le 2ᵉ Corps d'armée, sur demande du Général commandant la 5ᵉ Division, a prescrit à un escadron du 14ᵉ Régiment de Dragons Portés, soutenu par un escadron d'auto-mitrailleuses du 14ᵉ Régiment d'Auto-Mitrailleuses, d'effectuer une contre-attaque pour rejeter à la Meuse les quelques éléments qui se sont infiltrés, au nord d'Anhée. En même temps, ordre est donné au 14ᵉ Régiment de Dragons Portés d'effectuer, un peu plus tard, une contre-attaque pour reprendre la cote 190, à l'ouest d'Anhée. Mais par suite de l'éloignement, de l'épuisement des hommes, et de la fatigue du matériel, les troupes ne parviennent à leur base de départ que vers 20 heures. La contre-attaque ne débouche pas et ses éléments restent à la disposition du Général commandant l'infanterie de la 5ᵉ Division.

Au cours de cette journée du 13, que s'est-il passé sur le reste du front du 11ᵉ Corps ?

A la 22ᵉ Division La journée s'est écoulée sans incident notable. Tandis que l'ennemi serre le fleuve avec des forces accrues, la 22ᵉ Division poursuit son installation. L'ambiance de la journée nous est donnée par le Chef de Bataillon commandant le I/19 (bataillon de gauche de la 22ᵉ Division) :
« Le matin, accompagné du Capitaine commandant le III/19 (il est à droite du I/19) et du Capitaine qui commande, à Hermeton, la compagnie sud de mon

bataillon, nous reconnaissons les limites des unités et les points de liaison par le feu.

« 13 heures. Je rédige les ordres de relève et du nouveau dispositif.

« 15 h. 30. L'observatoire signale un essai d'infiltration ennemie sur les pentes est du Bac du Prince; je déclenche par téléphone les tirs d'artillerie.

« 16 h. 25. Des camions ennemis sont vus sur la crête est du Bac du Prince. J'alerte ma batterie.

« 19 heures. Le canon de 25 du bataillon et celui de la compagnie régimentaire d'engins mettent le feu à deux chars légers ennemis, par delà le pont d'Hastière. Tout l'après-midi, survols d'avions qui bombardent les hauteurs d'Insemont, la ferme de Lenne et mitraillent la vallée de la Meuse. Pas de pertes signalées. Forte impression sur les hommes qui ne voient pas d'avions français.

« 20 heures. Arrivée de fusants hauts sur la ferme du château.

« 23 h. 20. Arrivée à mon P. C. du Lieutenant-Colonel commandant le régiment : Contre-ordre, les 1re et 2e Compagnies ne seront pas relevées, seule la section de la 3e Compagnie installée au sud de Hermeton le sera par des éléments du III/29. Le bataillon va se trouver étiré sur un front de 7 km. »

Il est intéressant également de consulter les notes d'un sous-lieutenant :

« Le 13 mai, vers 3 heures du matin, on entend très rapprochés des tirs d'artillerie, puis vers 4 heures des rafales d'armes automatiques qui durent sans arrêt.

« Cependant nous ne savons rien de la situation et avons peine à imaginer que l'attaque soit si proche.

« Vers 17 heures, mes observateurs me signalent des mouvements importants sur une portion de crête, à 4 km. environ à l'est de la Meuse, vers Falmagne. L'ennemi y défile par compagnies entières avec accompagnement de véhicules divers. Notre artillerie déclenche quatre tirs, sans empêcher l'ennemi de continuer sa progression. Il finit par disparaître dans des couverts qui vont lui permettre d'arriver sans être vu, jusqu'à deux cents mètres du fleuve. J'évalue l'effectif à un régiment pour cette simple portion de terrain et j'en rends compte au commandant de compagnie par un agent de transmission. Ceci me permet de constater que les liaisons sont quasi impossibles. Mon agent de transmission ne revient que quatre heures après, ayant dû passer à travers la forêt; c'est là pourtant notre seul mode de liaison.

« Entre 18 et 19 heures, des éléments sont aperçus à la lisière des couverts.

« Vers 19 heures, mon commandant de compagnie m'avertit que les deux autres régiments de la division arrivent et que notre dispositif va se resserrer. Je serai relevé vers 22 heures. En réalité, la relève s'effectue à 23 h. 30. La nuit est épaisse, on ne voit guère à plus de vingt mètres et mon successeur du 3ᵉ Bataillon prend possession de ses emplacements sans avoir la moindre idée du terrain qu'il devra interdire et sans pouvoir l'étudier. Il n'arrive d'ailleurs qu'avec un groupe, ayant perdu les autres dans les bois... La relève terminée, nous arrivons à travers les taillis au P. C. du capitaine, qui me confie la mission de m'installer aux lisières est du village d'Hermeton, face à l'est dans quelques maisons surplombant la Meuse... »

On lira enfin, dans la relation faite par un autre officier, que les attaques des bombardiers en piqué et leur ronde incessante commencent à ébranler le moral des hommes. Ils se sont déjà résignés à ne plus compter sur notre aviation, et constatent, non sans surprise, que des tirs de D. C. A. se révèlent sans effet contre des bombardiers passant à moins de cent cinquante mètres.

En outre, sur les grands fronts imposés, la perte du coude à coude augmente le sentiment d'insécurité...
« Là, la Meuse, aux eaux peu abondantes, coule au fond d'une vallée étroite qu'encadrent des pentes très raides et entièrement boisées. Le versant Est, grâce à ces couverts, permet à l'ennemi de parvenir au bord même du fleuve.

« Par contre, en face, les pentes laissent de leur pied à la rive une étroite bande de terrain plat de cent à deux cents mètres de long. De nombreux ravins y font brèche, entre une série de contreforts épais, détachés par une ligne de hauteurs parallèles à la vallée, à environ deux mille mètres de là.

« Dans le lit même du fleuve, une série d'îlots légèrement boisés, s'étirant parfois sur une centaine de mètres, gênent la vue des défenseurs. Les fusils-mitrailleurs ont dû se contenter de champs de tir extrêmement réduits. Quant aux mitrailleurs, ils ont été contraints de prendre de la hauteur pour être en mesure d'exécuter des tirs de flanquement. Ils ont dû s'installer sur des emplacements imposés par la densité de la forêt, d'où leurs tirs perdent une partie de leur efficacité. »

Plus au sud, les bataillons du 116° et du 62° s'installent également.

Au 116°, trois bataillons sont en ligne, soit, du nord au sud : le 1ᵉʳ, le 3°, le 2°. Le travail d'organisation est activement poussé. L'aviation ennemie survole sans cesse les positions et lance des bombes.

Pour avoir une idée des incidents (1) de la journée, portons-nous au fort de Charlemont, à l'ouest de Givet, qui donne des vues excellentes de toutes parts. L'artillerie y a installé ses observatoires. Le Chef du III/116 s'y trouve aussi.

9 heures. Une auto est arrêtée au delà de Petit-Givet à 3 km. environ de l'observatoire sur la route Beauraing. Des motocyclistes allemands vont et viennent. Pris à parti par l'artillerie, ils se dispersent.

9 h. 30. Mêmes tirs sur d'autres groupes. Une batterie d'artillerie s'installe au sud de la route Givet-Beauraing. Tirs déclenchés à 10 heures.

A 10 h. 20 et 10 h. 45, d'autres éléments d'artillerie ennemie sont à nouveau amenés sous le feu. Un peu plus tard, tirs de 155 sur une colonne auto arrêtée dans le village de Rancennes; les autos fuient à toute vitesse et retournent vers Fromelennes.

---

(1) Notés par le Chef de Bataillon commandant le III/116.

A 11 heures, l'infanterie ennemie a atteint un petit bois taillis au nord-est de Givet : cent coups de 75 sont tirés.

A 13 h. 30 et à 15 heures, autres mouvements d'infanterie; des éléments se concentrent au sud de Heer.

... Entre temps, tirs à la mitraillette à l'intérieur de Givet dans le dos de la 10° Compagnie. Une patrouille circule immédiatement dans Givet, mais ne peut arriver à découvrir l'ennemi installé à l'intérieur des maisons. Un peu plus tard, de nouveaux tirs sont effectués. Une patrouille est envoyée vers la maison d'où sont partis les coups; personne ne répond aux sommations. La porte est enfoncée, un civil veut s'enfuir, il est abattu.

Toute la journée, le fort de Charlemont est bombardé par l'aviation. La section de mitrailleuses, en D. C. A., remplit difficilement sa mission, car l'aviation ennemie vole au ras des arbres. La voie sortant du tunnel et la gare sont détruites par les bombes. Quelques-unes tombent dans la Meuse, d'autres sur les pentes nord de Charlemont. Dans la soirée, trois pièces de 155 sur six sont hors de service. L'infiltration ennemie est continue en direction de Heer, Petit-Givet, Chooz.

Plus à droite, le II/116 est en liaison avec le 62° Régiment. Il est sur place depuis 3 heures du matin. De l'observatoire du bataillon situé en haut de la falaise, on découvre tout le secteur du bataillon et notamment l'isthme de Chooz. Les premiers éléments ennemis s'installent peu à peu, assez denses vers 15 heures. Des camions arrivent, d'où descendent des troupes. Quelques tirs amis sont déclenchés sur la ferme et le château d'Aviette. Vers 18 heures, des appareils blindés arrivent dans la presqu'île de Chooz. Le Capitaine adjudant-major du II/116 en compte quarante-cinq. Deux batteries d'artillerie prennent position au nord de la ferme d'Aviette. Tous ces objectifs sont signalés à l'artillerie, mais en vain cette fois.

*
* *

II. — *NUIT DU 12 AU 13 MAI ET JOURNÉE DU 13 MAI AU 41ᵉ CORPS D'ARMÉE*

Tout est à peu près calme à la 61ᵉ Division, qui tient le front Vireux-Molhain exclu à Anchamps inclus.

Devant le 265ᵉ Régiment, qui borde la rivière de Vireux à Fumay, l'ennemi s'infiltre; des motocyclistes, des auto-mitrailleuses sont vus. L'aviation ennemie est assez active.

Au 337ᵉ, deux bataillons sont en ligne : le 1ᵉʳ Bataillon, en liaison avec le 265ᵉ, va jusqu'à l'isthme de Revin inclus, le 2ᵉ Bataillon jusqu'à la limite sud du régiment, soit treize kilomètres, compte tenu des méandres de la Meuse. La presque totalité des moyens sont en ligne. Le plan des feux a été minutieusement

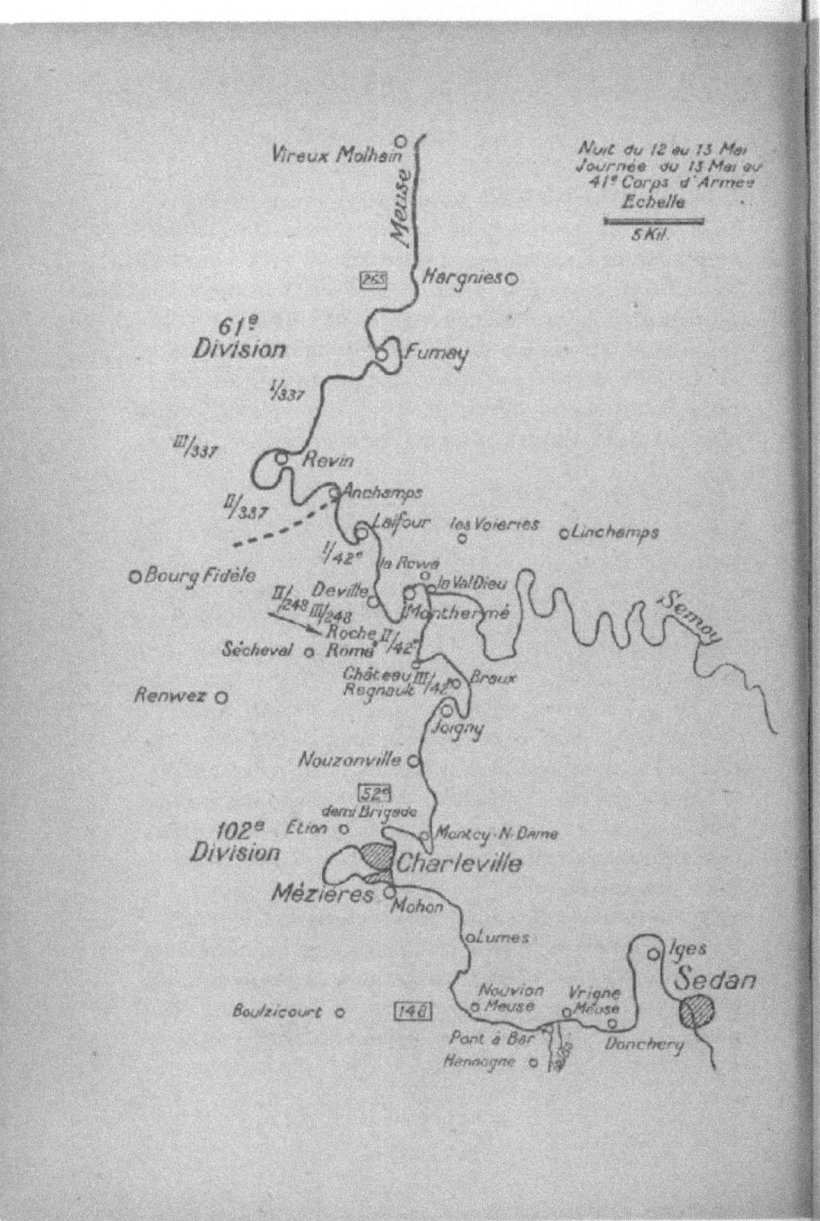

précisé. Quelques blockhaus en ciment défendent la rive amie du fleuve, ainsi qu'un réseau. Une bretelle existe derrière Revin, une autre est en cours de construction derrière Anchamps. D'une manière générale, en dehors de la position basse, le terrain n'a pas d'aménagement, les blocs au bord du fleuve sont isolés à trois cents mètres l'un de l'autre. Les communications latérales ne sont pas possibles de jour. Sauf à Revin et à Anchamps, les communications avec l'arrière ne peuvent avoir lieu que par des escaliers dans les rochers (avec main courante), pour une escalade de cent à trois cents mètres en vue de l'ennemi.

La défense est liée à l'énergie de chaque chef de bloc, l'action des chefs de section est très faible, celle des commandants d'unité se réduit à l'emploi des armes hautes. Les armes lourdes ont été mises en place, par des travaux de force, avec du temps. Le terrain et le dispositif correspondent à une défensive sur place sans idée, ou possibilité, de recul (armes, munitions, vivres dans les blocs). Tous ces détails sont connus de l'ennemi, car l'étude, la réalisation des travaux, la mise en place d'alerte se sont effectuées au milieu de la population civile (paysans aux travaux des champs, pêcheurs, promeneurs).

Toute la journée du 13, des mouvements ont été observés sur la rive opposée. Les reconnaissances d'aviation sont nombreuses, la vallée a été bombardée ainsi que les arrières de Rocroi.

A la 102ᵉ Division — De sa gauche à sa droite, d'Anchamps exclu, à huit cents mètres à l'ouest de la Bar, nous savons que la 102ᵉ Division met en ligne les 42ᵉ et 52ᵉ Demi-Brigades, et le 148ᵉ Régiment d'Infanterie.

42ᵉ DEMI-BRIGADE DE MITRAILLEURS COLONIAUX. — Là, l'ennemi s'est présenté plus tôt que partout ailleurs. On l'a déjà vu le 12 à 19 heures vers la Rowa (nord de Monthermé) et au gué de la Mahaute. C'est le résultat du repli rapide de la cavalerie. Les bombes aussi sont en avance. Le 12, elles sont déjà tombées à Monthermé, à Braux, à Laifour. De très bonne heure le 13, l'aviation ennemie, très nombreuse, par vagues de vingt à quarante avions, accompagnée de nombreux avions de chasse, survole, bombarde et mitraille. Aucun avion allié dans le ciel.

C'est vers 9 heures que se manifeste une forte reprise de l'activité ennemie. De tous les observatoires affluent des renseignements sur d'importants convois se dirigeant vers Monthermé, sidecars, voitures de tourisme, tracteurs avec canons, camions-citernes, véhicules chenillés, blindés ou non. D'autres convois sont signalés quittant la route Hargnies-Monthermé et se dirigeant vers Linchamps. D'autres sont aux Voieries, vers La Val-Dieu. Quelques obus amis, en nombre insuffisant, s'abattent sur ces objectifs. Visiblement, la menace allemande s'oriente sur Monthermé.

L'attaque se produit en effet entre 14 heures et 14 h. 30. Elle est précédée puis accompagnée par des attaques au sol d'avions travaillant par vagues de trente à quarante, par des tirs de 105 venant de la Rowa, des tirs de minen, et enfin par des tirs de canons d'engins blindés embossés. L'action est extrêmement rapide et efficace. Profitant de cette neutralisation massive, des éléments passent la Meuse sur des radeaux pneumatiques, vraisemblablement entre le confluent de la Semoy et la place de la mairie de Monthermé. Les sections d'assaut assaillent les nids de résistance, mais ceux-ci tiennent bon; elles cherchent à les déborder et se heurtent à une vive résistance des défenseurs. Elles abordent enfin la ligne intermédiaire du bois Roma, où l'attaque reprend vers 16 h. 30 par une violente neutralisation. A 17 h. 30, l'assaut ennemi repart; cette fois, les assaillants sont aussitôt bloqués. L'artillerie de 150 et de 155 a utilement aidé la défense.

Le général Portzert, commandant la 102ᵉ Division, a été tenu à tout instant au courant de la situation. Vers 20 heures, il fait connaître que le général Libaud, commandant le 41ᵉ Corps, a donné l'ordre à deux bataillons du 248ᵉ Régiment d'Infanterie de rejoindre le bois Hutin. A peu près à la même heure, le colonel Marchal, commandant l'infanterie de la 102ᵉ Division, est sur place. Une contre-attaque sur la boucle de Monthermé est discutée, la décision est finalement prise de se maintenir fortement sur place et de disposer en soutien le III/248, qui va arriver, pour le cas où la ligne du bois Roma céderait.

BATAILLE SUR LA MEUSE (13-14 MAI)

Parti de Bourg-Fidèle le 13 vers 21 heures, le III/248 arrive le 14 moitié à 2 heures, moitié à 4 heures.

Le II/248, qui vient de Renwez, ne parvient au bois Hutin qu'à 8 heures le 14.

La nuit se passe dans le calme.

Ailleurs, sur le front de la 42ᵉ Demi-Brigade, le quartier Laifour est demeuré tranquille, ainsi que celui de Braux. Mais les actions d'aviation ont exercé leur ravage moral habituel. Sur la route Renwez-Sécheval, des batteries de 220 ont été violemment bombardées.

Au sud de la 42ᵉ Demi-Brigade, le secteur de la 52ᵉ Demi-Brigade est resté dans l'attente, ainsi que celui du 148ᵉ Régiment d'Infanterie de Forteresse dont les trois bataillons sont installés du sud de Mézières à Pont-à-Bar. Cependant, des éléments d'infanterie ennemie ont atteint Vrigne-Meuse, Nouvion-Meuse et Lumes. Là comme ailleurs, l'aviation adverse a donné sa pleine mesure. Fait autrement inquiétant, à la tombée de la nuit, des renseignements alarmants parviennent sur l'armée voisine : « L'ennemi aurait franchi la Meuse à Sedan en prenant pied dans la presqu'île d'Iges et à Donchery. » Une liaison, prise en pleine nuit, avec le Commandant du sous-quartier d'Hannogne-Saint-Martin n'a pas permis de contrôler ces bruits.

III. — NUIT DU 12 AU 13 ET JOURNÉE DU 13 ÉVÉNEMENTS DE LA 2ᵉ ARMÉE ENTRÉE EN ACTION DE LA 53ᵉ DIVISION

Des événements graves se sont, en effet, déroulés devant la gauche de la 2ᵉ Armée, et leurs conséquences vont peser lourdement sur le sort de la 9ᵉ Armée.

C'est la 55ᵉ Division (1) qui tient cette portion du front.

Dès le 12, de nombreux mouvements ennemis ont marqué un important afflux en direction de Sedan et nous savons déjà la rapidité avec laquelle les éléments de cavalerie de la 2ᵉ Armée et ceux de la 3ᵉ Brigade de Spahis ont été ramenés sur la Semoy, dépassée elle aussi par la forte poussée de l'ennemi. Dès 15 heures, le 12, des chars ennemis ont atteint la lisière sud des bois de Bosseval, Fleigneux, devant les avancées de Sedan. En cette journée du 13, de 9 heures à 13 heures, tous les points sensibles du secteur de la 55ᵉ Division ont été constamment atta-

---

(1) Elle est commandée par le général Lafontaine et comprend les 213ᵉ, 295ᵉ, 351ᵉ Régiments d'Infanterie et le 45ᵉ Régiment d'Artillerie. En outre, lui sont rattachés deux bataillons du 147ᵉ Régiment de Forteresse et deux compagnies du 11ᵉ Bataillon de Mitrailleurs ; la 55ᵉ Division et la 3ᵉ Division Nord-Africaine forment le 10ᵉ Corps d'armée aux ordres du général Grandsard.

qués par l'aviation ennemie, et à 16 heures l'infanterie s'est lancée à l'attaque, précédée et accompagnée d'un bombardement intense.

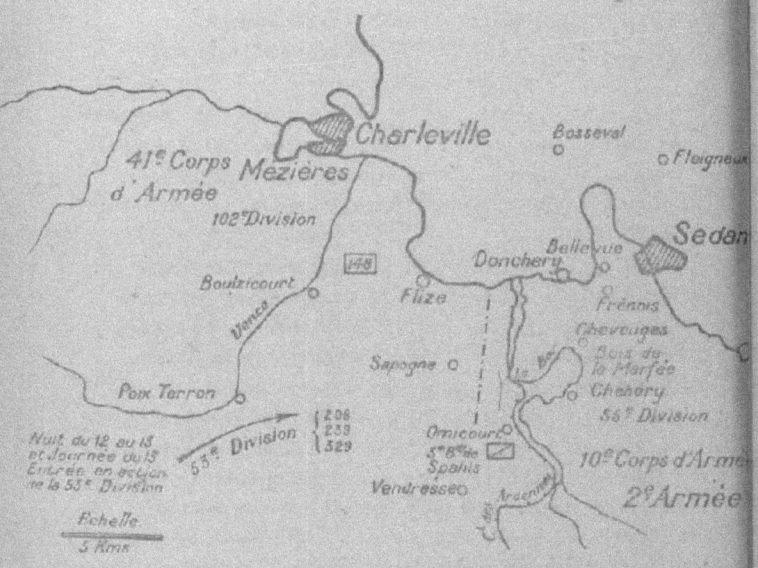

Il n'est pas sans intérêt de parcourir la relation qui nous est donnée par le commandant allemand de Kielmanseg dans la revue *Wehrmacht* :

« ... L'ordre du Corps d'armée prévoit le début de l'attaque pour le 13 mai à 16 heures, les trois divisions attaquant en même temps. A midi, on entend ronfler les moteurs des premiers bombardiers et stukas au-dessus de Sedan. Plusieurs centaines d'appareils bombardent avec une extrême densité les lignes ennemies et la ville de Sedan suivant un plan précis, préalablement mis au point par le général Guderian et le général de l'air von Suttenheim. ... Ce spectacle se prolonge pendant quatre heures et tout de suite après les dernières bombes, les premiers radeaux pneumatiques accostent la rive adverse. Nos éléments franchissent, dans un élan rapide, les barrages avancés et encerclent les premières casemates. ... A 18 h. 30, la route Sedan-Bellevue est atteinte. L'attaque pénètre dans Frénois. La brèche devient percée, les hauteurs au nord de Chevenges sont enlevées; nous pénétrons à la nuit tombante dans le bois de la Marfée. A minuit, les éléments avancés sont à Chéhéry...

« Notre joie est grande. Depuis le rattachement au corps Guderian, on nous avait répété l'importance décisive de la percée de Sedan... Si les Français n'avaient pas été abandonnés par tous leurs bons génies, ils auraient dû alors attaquer avec une vigueur accrue, pour réduire la hernie encore petite qui s'était formée dans leurs lignes...

« Notre Commandement donne l'ordre dès le 13 d'obliquer vers l'ouest... »

... Vers l'ouest, c'est-à-dire dans le flanc et sur les arrières de la 9ᵉ Armée.

Quand tombe la nuit du 13 mai, l'infanterie allemande est au contact de la ligne d'arrêt, sur tout le front de la 55ᵉ Division. En certains points même, elle a pris pied sur cette ligne; des engins blindés l'ont dépassée.

A 21 heures, le général Libaud a été averti que la liaison est perdue avec la 2ᵉ Armée. Il lui est prescrit, par la 9ᵉ Armée, d'employer, face à l'est, le plus au sud possible sur la Bar, la 53ᵉ Division.

Cette 53ᵉ Division (1) avait été donnée, le 12 à 8 heures, par le général Georges à la 9ᵉ Armée, qui l'avait mise à la disposition du 41ᵉ Corps d'armée pour renforcer le sous-secteur de droite. Les mouvements de cette division devaient s'effectuer dans la nuit du 13 au 14 mai. Le dispositif final mettait en place le 208ᵉ Régiment d'Infanterie de Mézières à la Vence, le 239ᵉ Régiment d'Infanterie de la Vence à Flize, le 329ᵉ Régiment d'Infanterie de Flize à la rivière de la Bar. Ces mouvements étaient en cours dans cette soirée du 13, que déjà vers 22 heures des éléments d'artillerie à Bous, venant de la forêt d'Omicourt et de la région de Sapogne, passaient avec des camions sans aucun matériel. Des officiers déclaraient qu'il n'y avait plus d'infanterie devant eux; que les Allemands avaient franchi la Meuse vers Donchery, qu'ils étaient déjà sur le canal des Ardennes. Le personnel des échelons d'artillerie, coupés des batteries, attendant vainement des ordres, n'avait pu que se retirer

---

(1) La 53ᵉ Division, sous les ordres du général Etcheberrigaray, comprend les 208ᵉ, 239ᵉ et 329ᵉ Régiments d'Infanterie et les 22ᵉ et 222ᵉ Régiments d'Artillerie.

ENTRÉE EN ACTION DE LA 53ᵉ DIVISION 105

devant la menace des chars allemands, contre lesquels il était désarmé! Il se regroupait en arrière, dans la nuit.

Sitôt reçu l'ordre d'employer la 53ᵉ Division face à l'est, le général Libaud donne des ordres en conséquence; mais, à 21 h. 45, l'Armée annonce que la situation est moins critique et que la 53ᵉ Division doit reprendre sa mission face au nord.

A 22 h. 30, le général Libaud envoie un nouvel ordre dans ce sens. Il décide toutefois, par précaution, que les trois bataillons réservés s'échelonneront à travers la forêt de Mazarin, sur la route de Sapogne à Vendresse. En outre, la 53ᵉ Division disposera de la 3ᵉ Brigade de Spahis pour couvrir sa droite.

L'officier qui porte ces ordres se heurte à un nouvel ordre de la 9ᵉ Armée, téléphoné directement à la 53ᵉ Division et lui prescrivant d'aller à la Bar face à l'est. Le Général commandant la 53ᵉ Division a la plus grande difficulté à faire rattraper dans la nuit des bataillons orientés vers le nord, à travers les bois.

Le Commandant de la 3ᵉ Brigade de Spahis ne reçoit qu'à 2 h. 15 l'ordre qui lui enjoint de se porter à Omicourt. Son mouvement sera forcément tardif. Ainsi que nous l'avons indiqué, déjà, à Poix-Terron et à l'est, des éléments affolés par des renseignements qui annoncent l'approche de l'ennemi, bombardés par l'aviation, emportés par le flot croissant des réfugiés, commencent à refluer.

IV. — *NUIT DU 12 AU 13 ET JOURNÉE DU 13; ACTION DU COMMANDEMENT SUPÉRIEUR*

Nous voici parvenus à la fin de cette journée du 13 qui a si fâcheusement justifié les craintes qu'on pouvait exprimer le 12 au soir après examen de la situation, de même qu'elle porte en germe les faits pénibles du lendemain 14.

Nous serions incomplets, si après avoir exposé les événements de cette journée, dans les corps de troupe, nous n'y ajoutions pas ce que fut, au-dessus de l'échelon division, l'action du Commandement, au Grand Quartier Général, au Groupe d'Armées, à l'Armée, et dans les Corps d'armée.

Au G. Q. G. — Des mesures sont prises pour parer à la menace résultant d'un débouché de l'ennemi en force au sud de Sedan, et d'une extension de la tête de pont d'Anhée.

Ces mesures consistent à :

— porter des réserves sur la deuxième position en arrière de la 9ᵉ Armée et à la gauche de la 2ᵉ Armée, entre la Bar et l'Oise d'Hirson, soit quatre divisions (14ᵉ, 36ᵉ, 44ᵉ, 87ᵉ) ;

— réunir à la limite des 9ᵉ et 1ʳᵉ Armées, sur la Sambre, un groupement susceptible d'intervenir au profit de la 9ᵉ Armée (43ᵉ Division d'Infanterie et 2ᵉ Division Cuirassée);

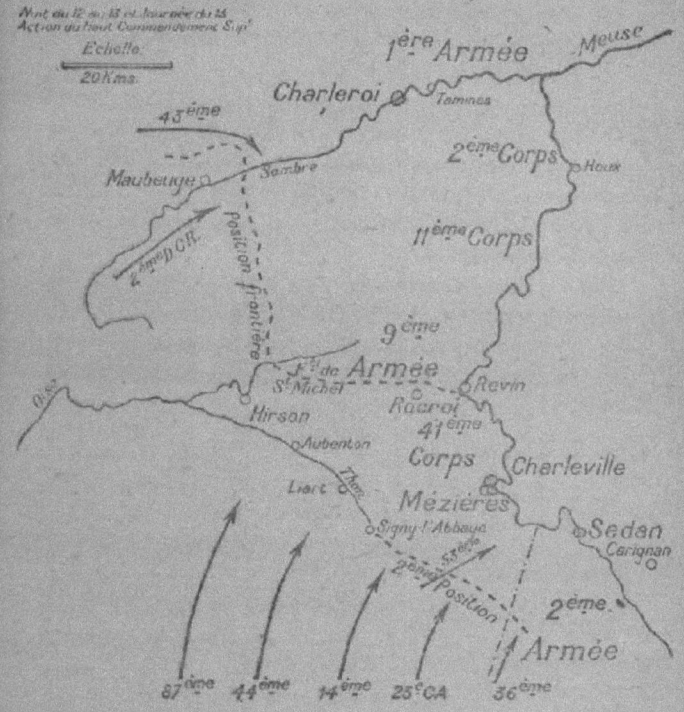

— prescrire à la 2ᵉ Armée de monter une affaire puissante pour rejeter l'ennemi sur la Meuse de Sedan;

108   BATAILLE SUR LA MEUSE (13-14 MAI)

— libérer le 1ᵉʳ Groupe d'Armées de la bataille de Sedan, en lui enlevant la 2ᵉ Armée, que le G. Q. G. prendra momentanément sous ses ordres directs.

Ces dispositions sont celles de l'ordre général n° 13, du 14 mai.

Elles prescrivent au 1ᵉʳ Groupe d'Armées de rétablir la situation sur la Meuse, de tenir la charnière Revin-Carignan, et à titre de sûreté, d'organiser un barrage d'arrêt sur les arrières : Sambre de Charleroi, position de Maubeuge, position frontière jusqu'à Rocroi, bretelle Rocroi-Liart, puis deuxième position Liart-Dun-sur-Meuse.

Le 23ᵉ Corps d'armée est porté sur la droite de la 9ᵉ Armée, ainsi que les 14ᵉ, 36ᵉ et 44ᵉ Divisions.

La 87ᵉ Division est portée sur Hirson; la 43ᵉ, sur le canal de Charleroi; la 2ᵉ Division Cuirassée, sur Fourmies-Solre-le-Château.

AU GROUPE D'ARMÉES. — Le 1ᵉʳ Groupe d'Armées a appris de l'Armée, à 13 heures, le franchissement de Houx. Il a prescrit une contre-attaque (ordre donné par message téléphonique 1.046 de 14 heures).

Dans l'après-midi, le général Billotte s'est rendu personnellement auprès du Général commandant la 9ᵉ Armée, pour insister sur la nécessité de rejeter l'ennemi avant la nuit. Tous les ordres ont confirmé le rétablissement de notre ligne sur la Meuse.

A LA 9ᵉ ARMÉE. — Le général Corap a prescrit aux grandes unités de contre-attaquer l'ennemi sans retard partout où il franchirait la Meuse. Il a indiqué au

11ᵉ Corps d'armée la contre-attaque à faire, avant la nuit, sur la poche de la 18ᵉ Division, prescrit au 41ᵉ Corps d'armée de rejeter les fractions ennemies de Monthermé, et couvert la droite de ce Corps d'armée par la 53ᵉ Division.

Aux 2ᵉ, 11ᵉ et 41ᵉ Corps d'Armée. — L'activité des commandants de Corps d'armée a été incessante au cours de la journée du 13. Pour tenter de colmater cette brèche de Houx qui intéresse à la fois le 2ᵉ et le 11ᵉ Corps d'armée, les contacts ont été fréquents entre les deux états-majors. Au 11ᵉ Corps d'armée, dans la matinée, le général Martin a mis à la disposition du général Duffet tous les éléments dont il pouvait disposer. Vers 9 heures, il a reçu à Florennes la visite du général Bouffet venu pour prendre, en accord, les mesures que comporte la situation, car l'Armée est trop éloignée et ses liaisons téléphoniques avec les Corps d'armée se trouvent rompues.

A 11 heures, le général Martin a donné directement au général Duffet des instructions confirmant les ordres de contre-attaque déjà reçus par la 18ᵉ Division.

*
**

Au soir de cette première journée de combat sur la Meuse, quel tableau notre Commandement peut-il se faire de la situation de la 9ᵉ Armée ?

L'ennemi a remporté à Houx un succès : aux quelques éléments qu'il avait audacieusement jetés, de nuit, au delà de la rivière, se sont bientôt joints des renforts tels que leur progression a pu être rapide, et produire des effets locaux de surprise, qui ont rendu l'action de nos contre-attaques tardive, et, dans l'ensemble, peu efficace. Sans doute, la tête de pont ainsi acquise par l'ennemi, et qui représente trois à quatre kilomètres en largeur, et en profondeur, n'est pas considérable. Tout a été préparé pour monter de nouvelles contre-attaques capables de rejeter l'ennemi à la Meuse : mais quels renforts nouveaux la nuit qui arrive va-t-elle lui permettre d'amener? Ne faut-il pas s'attendre, dans cette même nuit, à d'autres tentatives de passage sur un front dont les moyens de défense ne sont nulle part plus denses qu'ils l'étaient devant Houx? L'ennemi a montré des forces importantes sur de nombreux points de la rive droite; nous avons aussi constaté la puissance de ses bombardements par l'aviation, dont les effets moraux paraissent plus grands que les effets matériels, mais contre lesquels la troupe a le sentiment d'être désarmée. La mission de la 9ᵉ Armée va l'amener, dans un court délai, à avoir toutes ses réserves engagées.

L'événement de Sedan est, plus encore, gros de menace. Là, le passage de la Meuse s'est fait sur une largeur et une profondeur plus considérables qu'à Houx. Bien que l'ennemi n'ait pas encore dévoilé, de ce côté, sa volonté d'effort vers l'ouest, le danger en paraît pressant. Si la 2ᵉ Armée ne parvient pas à rétablir son front, si les tentatives de cloisonnement entreprises immédiatement ne réussissent pas, la 9ᵉ Armée aura aussi son flanc droit en pleine bataille.

V. — *NUIT DU 13 AU 14 ET JOURNÉE DU 14 MAI, A LA GAUCHE DE LA 9ᵉ ARMÉE*
(2ᵉ et 11ᵉ Corps)

5ᵉ Division — A 4 h. 45, entraîné par son chef et appuyé par les engins blindés du 1ᵉʳ Groupe de Reconnaissance Divisionnaire, le 2ᵉ Bataillon du 14ᵉ Régiment de Dragons Portés s'empare de Haut-le-Wastia et fait une quarantaine de prisonniers. Cette attaque réussie a le plus heureux effet moral. Presque aussitôt arrive un ordre de repli, émanant de l'état-major du 2ᵉ Corps d'armée : la 5ᵉ Division doit border la lisière est de Warnant, le revers est du chemin de fer de Tamines. Ce mouvement est terminé vers 10 heures sous un bombardement incessant de l'aviation; et l'ennemi a suivi notre repli. Par Hun, il menace la droite du 8ᵉ Régiment d'Infanterie et prend pied peu après dans le bois de Salzinne, pour déborder ensuite les éléments du 129ᵉ Régiment d'Infanterie qui tiennent le bois de Warnant. A midi, ses pointes parviennent à la lisière ouest du bois de Warnant, obligeant les batteries à se replier. Bioul est organisé en point d'appui et se relie au bois de Ronquière et à Salet.

Au nord de cette zone active, le 8ᵉ Régiment d'Infanterie et le 1ᵉʳ Groupe de Reconnaissance de Corps d'armée (groupement nord) demeurent sur la Meuse dans la région de Wépion, en liaison avec les Belges

BATAILLE SUR LA MEUSE (13-14 MAI)

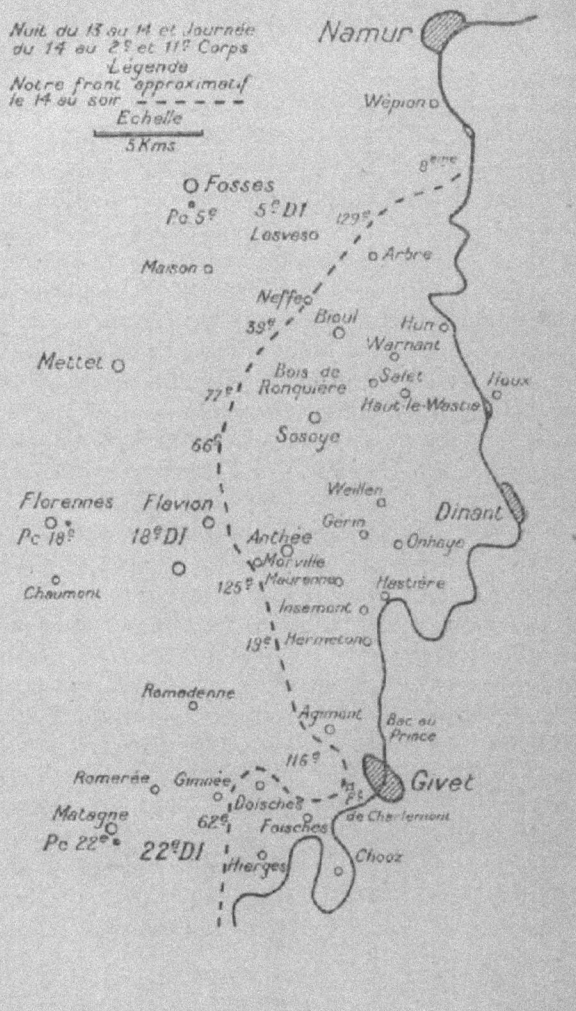

Nuit du 13 au 14 et Journée du 14 au 2ᵉ et 11ᵉ Corps

de Namur et se relient au groupement sud. Le P. C. du 8ᵉ Régiment d'Infanterie est reporté d'Arbre sur Lesves, où il est violemment bombardé par avion; le colonel Jeauzac est mortellement blessé.

Dans l'après-midi, le P. C. de la division est reporté du château de Neffe (au nord-ouest de Bioul) sur Maison puis sur Fosses, où il se trouve vers 19 heures.

Dès ce jour, conformément aux ordres du 2ᵉ Corps d'armée, la 5ᵉ Division est ainsi articulée :

— un groupement nord aux ordres du général Boucher et comprenant les restes du 8ᵉ Régiment d'Infanterie, un groupe de 75 du 11ᵉ Régiment d'Artillerie, un groupe de 155 du 211ᵉ, le 1ᵉʳ Groupe de Reconnaissance de Corps d'armée;

— un groupement sud aux ordres du général Barbe et comprenant les restes du 129ᵉ Régiment d'Infanterie, un groupe du 11ᵉ Régiment d'Artillerie, un groupe de 155 du 211ᵉ, le 1ᵉʳ Groupe de Reconnaissance Divisionnaire, des éléments de la 4ᵉ Division Légère de Cavalerie.

Ainsi, en fin de journée du 14, la 5ᵉ Division d'Infanterie Motorisée, moins pressée sur sa gauche, peut encore toucher la Meuse. Partout ailleurs, le passage de l'obstacle, que le fleuve constituait, est libre.

18ᵉ Division Dans la nuit du 13 au 14, le bataillon du 39ᵉ dont on n'avait pu faire aboutir l'intervention dans la soirée du 13, marche sur le bois de Surinvaux et l'occupe. Il s'y trouve en situation difficile. Aux premières heures du jour, une contre-attaque allemande, appuyée par des chars et poussant devant elle deux centaines de prisonniers bras levés, capture ce bataillon.

De mauvaises nouvelles parviennent coup sur coup à la division : Onhaye est tombé aux mains de l'ennemi; la situation est confuse vers Weillen, dans les bois de Maurenne. Partout on signale des engins blindés en grand nombre. Le 77ᵉ et le 125ᵉ écartelés se replient par morceaux, fantassins mêlés aux cavaliers et aux artilleurs. Toute la ligne reflue et tente, sans grand succès, de s'accrocher à l'échelon de résistance Sosoye-Anthée. L'aviation allemande s'acharne sur le secteur, accablant colonnes, convois, emplacements d'artillerie. Les liaisons sont rompues, les ordres ne peuvent être transmis, le commandement devient impossible. De toutes parts, la situation s'aggrave. Le P. C. de la division se transporte à Flavion.

Sans cesse, la poussée allemande s'accentue, sous la forme d'attaques répétées d'engins blindés; nos propres chars contre-attaquent vainement. Après la chute d'Onhaye, on apprend celle de Weillen et d'Hastière. D'autre part, l'ennemi gagne dans les bois de Rosée. Au nord, le 66ᵉ tient encore, ses éléments ne se replient que vers 15 heures. Au centre, aucun renseignement sur les débris du 77ᵉ. Le Colonel commandant le régiment ne peut préciser la situation de ses éléments. Au sud, Gérin a été enlevé. L'ennemi a pris Anthée. Plus en arrière, le Colonel commandant le 125ᵉ essaie vers Morville de rassembler les restes de son régiment.

Le général Corap est entré en communication dans la matinée avec le Commandant de la 18ᵉ Division. Dans l'après-midi, le général Martin est au P. C. de la division.

Vers 19 heures, l'ennemi est signalé à huit cents mètres de Flavion. Le P. C. de la division se porte à Florennes; sur son parcours, des camions, où sont entassés des soldats de toutes armes, refluent vers l'arrière... C'est le tableau, toujours le même, des échelons arrière coupés de leurs chefs, séparés des unités en ligne dont ils relevaient, et qui, atteints par l'avance ennemie, prennent la route à la recherche de points de ralliement, où ils s'imaginent qu'ils rentreront dans le rang. Ils forment bientôt une cohue de véhicules où l'on ne peut mettre de l'ordre que par des mesures de force.

A Florennes, dans la soirée, l'ordre parvient du 11ᵉ Corps d'armée de tenir la ligne Chaumont-Mettet.

22ᵉ Division — Calme le 13, le secteur de la 22ᵉ Division s'allume dès les premières heures de la journée du 14, et les événements vont prendre rapidement une fâcheuse tournure.

Au P. C. du 1ᵉʳ Bataillon du 19ᵉ qui est le bataillon de gauche de la 22ᵉ Division, on signale à 5 h. 15 que des soldats paraissant venir du quartier du 3ᵉ Bataillon, à droite du I/19, refluent vers le nord. Un sous-lieutenant arrive, en déclarant que les Allemands ont passé la Meuse dans la nuit entre Hermeton et le Bac du Prince. Le Commandant du I/19 rassemble les quelques hommes dont il dispose, les poste face à la direction menacée, mais les événements se précipitent... Les Allemands arrivent aussitôt, tirant à la mitraillette... Ils apparaissent à cent mètres. Les quelques éléments du P. C. se replient, en combattant, sur la compagnie de réserve qui se trouve à Insemont.

La physionomie du combat dans ce quartier du I/19, étant caractéristique des procédés de l'adversaire et du désarroi du défenseur, vaut d'être dépeinte.

« La nuit commence à peine à se dissiper, déclare un lieutenant chef de section, qu'une multitude de petits éléments utilisant soit des canots de caoutchouc, soit des barques, soit des bottes de paille, ou bien même, passant à la nage, se lancent simultanément sur la rive opposée, sans souci des pertes et se glissent entre nos faibles noyaux de résistance, qu'ils arrosent de tous côtés. Pendant qu'ils nettoient ainsi les abords du fleuve, d'autres éléments poussent vers la forêt proche, s'y infiltrent, pour surprendre le flanc ou l'arrière des quelques sections qui, plus loin, peuvent donner à notre dispositif l'illusion de la profondeur... »

Ainsi est attaqué le P. C. du Commandant du I/19, alors que lui-même ignore ce qui s'est passé sur sa droite et que, sur les bords du fleuve, les sections non assaillies ne savent rien de la proche attaque qui les menace.

Un autre chef de section, installé sur les bords de la Meuse, écrit sur ces mêmes instants :

« Vers 6 heures (au moment où le P. C. du bataillon

est aux prises), le bruit continu des armes automatiques derrière moi me surprend... J'observe en direction de notre ligne de défense et, vers le sud-est, je vois de l'infanterie nombreuse qui circule à la lisière des bois ou monte vers les crêtes. On entend des cris et des chants.

« A 6 h. 30, les rafales se rapprochent; des groupes nombreux circulent sur les crêtes, on entend les cris de *Heil! Heil!*

« Vers 8 heures, un homme vient me rejoindre. C'est le rescapé d'une contre-attaque que le commandant de compagnie (capitaine Aubert, tué) vient de tenter.

« A 8 h. 30, les coups de feu se font plus rares et s'éloignent loin derrière nous. »

L'action ennemie se développe avec violence, au cours de la matinée du 14, faisant refluer devant elle, dispersant ou capturant les éléments du 19º Régiment. A cette action frontale vient s'ajouter le reflux de l'aile de la 18º Division dont certains éléments rejetés par l'attaque viennent se perdre dans la 22º Division, tandis que d'autres, provenant de celle-ci, s'éparpillent vers l'ouest. Plus au sud, l'attaque allemande se porte également sur les 116º et 62º Régiments d'Infanterie. Dans le courant de l'après-midi, le I/116 reflue du côté d'Agimont, puis c'est le tour des éléments qui se trouvent à sa droite.

A 18 h. 15, le Commandant du III/116 reçoit de son colonel l'ordre suivant : « Le 19º Régiment d'Infanterie à votre gauche s'est replié. Le I/116 est décimé et débordé. Un bataillon du 62ᵉ Régiment doit essayer de contre-attaquer sur le bois d'Agimont. Décrochez vos compagnies de Givet et établissez-vous sur une position en arrière du fort Condé, en maintenant une surveillance à Givet et au fort de Charlemont. » Plus au sud encore, à hauteur de l'isthme de Chooz, la progression allemande fait refluer vers Gimnée et Romerée les éléments du II/116, ainsi que ceux du 62ᵉ Régiment.

En fin de journée du 14, la Meuse est perdue sur tout le front de la 22ᵉ Division. Foisches, Doische sont aux mains de l'ennemi.

A 13 heures, le P.C. de la division s'était transporté de Romedenne à Matagne; le commandant de l'infanterie divisionnaire s'est installé à Romerée.

*

VI. — NUIT DU 13 AU 14, ET JOURNÉE DU 14, A LA DROITE DE LA 9ᵉ ARMÉE (41ᵉ Corps)

61ᵉ Division Le front de la 61ᵉ Division est demeuré calme toute la journée du 14. Les patrouilles qui se montrent au bord du fleuve ne témoignent d'aucune intention agressive. Vers Anchamps, on a pu craindre quelques infiltrations, mais l'incident a été réglé facilement. C'est à gauche et à droite que les événements se déroulent.

La gauche de la division est en liaison avec un

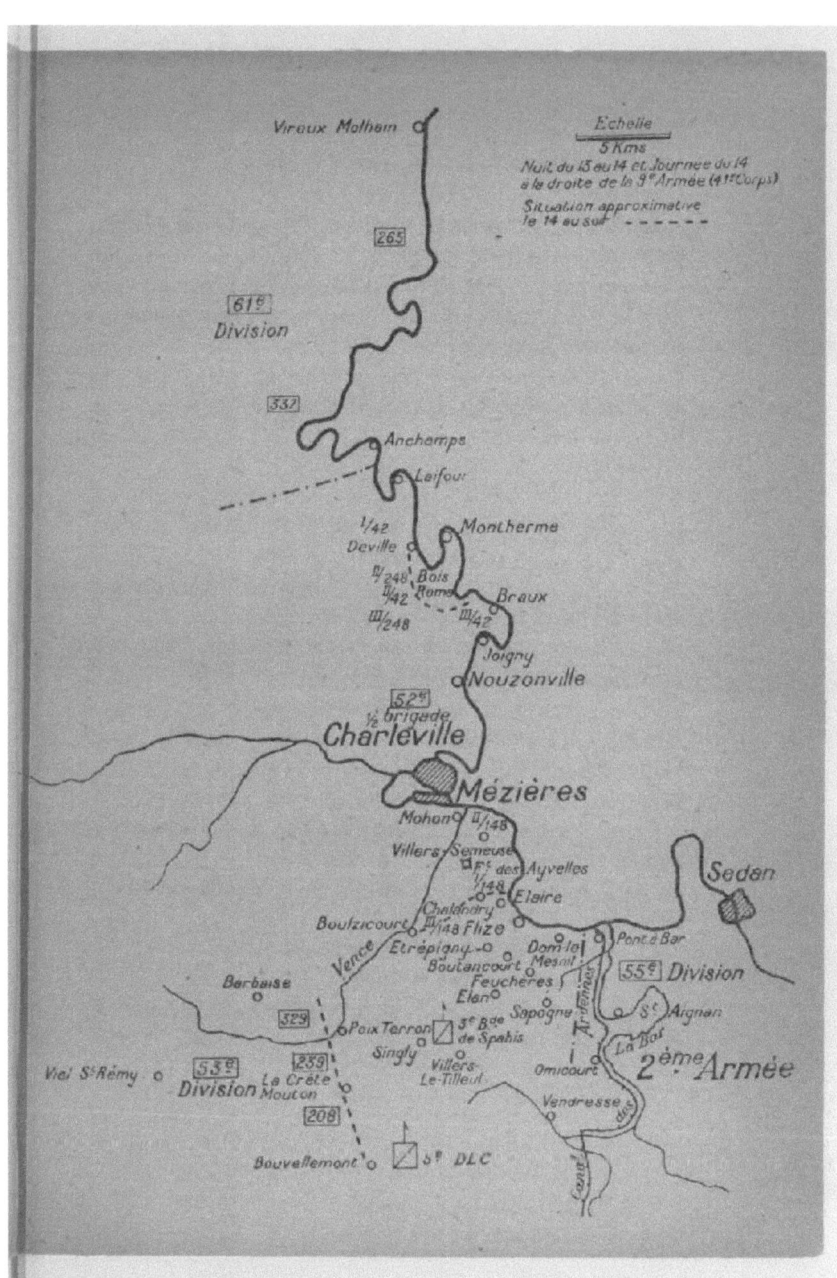

bataillon du 62º dont le P. C. est au tunnel de Vireux-Molhain. La liaison de 22 h. 30 apporte des nouvelles alarmantes. Le Chef de Bataillon du 62º déclare : « La 22º Division a été enfoncée dans la journée; les Allemands sont dans Hierges. Le bataillon du 62º Régiment d'Infanterie qui est à ma gauche se replie. Je me prépare à partir. Ce renseignement est transmis à la 61º Division. »

102º Division de Forteresse — 42º ET 52º DEMI-BRIGADES DE MITRAILLEURS COLONIAUX. — Succédant à la journée mouvementée du 13, devant Monthermé, la nuit a été calme. Mais dès le 14, à 7 h. 30, l'attaque a repris. De 8 heures à 10 h. 30, la pression est violente. Le combat dure toute la journée : y prennent part les éléments de renfort du II/248 et du III/248. Sous une poussée plus violente, vers 18 heures, la défense du bois Roma cède, mais l'ennemi ne profite pas de ce succès.

Partout ailleurs, à Laifour, Deville, Braux et Joigny, aucun événement notable n'est survenu, pas plus que du côté de Nouzonville et sur le front de la 52º Demi-Brigade.

Par contre des événements importants se sont déroulés devant le 148º Régiment d'Infanterie, dont la situation inquiétante avait été signalée en fin de journée du 13.

148ᵉ Régiment d'Infanterie (1). — Vers 9 heures du matin, le 14, les premiers engins blindés ennemis se présentent à la sortie ouest de Pont-à-Bar. Pris sous le feu de nos armes, les assaillants n'insistent pas. C'est seulement dans l'après-midi, que l'ennemi, qui s'est infiltré par la vallée de la Bar et de la Sapogne, prend à revers la défense du plateau de Dom-le-Mesnil, avec une centaine de chars. Attaqués par derrière, recevant des tirs de plein fouet dans les portes des blocs, les défenseurs s'efforcent de continuer le feu des canons et des mitrailleuses des embrasures, tant qu'il reste un homme debout. L'ennemi nettoie ainsi le quartier de Boutancourt occupé par le III/148 et étend son action jusqu'à la ligne principale de résistance au nord de la route de Sedan-Mézières et du village de Dom-le-Mesnil.

Vers 17 heures, le quartier de Flize, tenu par le I/148, est attaqué à son tour. Opérant par débordement, les chars, après avoir contourné Flize par le sud, assaillent la défense du bois de Flize, la neutralisent et poussent jusqu'aux lisières de Chalandry-Élaire. Au cours de ces attaques, l'ennemi fait preuve de la plus parfaite connaissance du terrain et des ouvrages.

En fin de journée :

Le II/148, qui n'a pas été attaqué, occupe toute sa position, Mohon, Villers-Semeuse, le fort des Ayvelles.

---

(1) Colonel Manceron.

Les éléments du I/148 repliés se sont rabattus sur Chalandry et Les Ayvelles, faisant face au sud et au sud-est.

Aucune nouvelle des éléments du III/148 qui ont pu se replier.

Le colonel a déplacé son P. C. sur le I/148 au sud de Chalandry, puis sur le P. C. du II/148 au fort des Ayvelles et à Mohon.

Le régiment n'a plus personne à sa droite. L'ennemi tient le bois de Flize et la route de Flize à Boulzicourt.

53ᵉ Division — Les événements malheureux que vient de subir le 148ᵉ Régiment ne se limitent pas à son front. Ils ne sont même que la conséquence de la manœuvre de grande envergure menée par les Allemands à la jonction des 2ᵉ et 9ᵉ Armées et dont le but final vise à faire sauter à droite et à gauche de Sedan la défense de la Meuse, à élargir la percée en largeur et profondeur pour l'exploiter au plus vite et à fond en direction de l'ouest.

La 53ᵉ Division, nous l'avons vu, essayait déjà en fin de journée du 13 de parer à cette menace. Primitivement orientés sur la Meuse, ses régiments se portaient face à l'est vers la Bar.

Leur mouvement se continue le 14 aux premières heures du jour. A 8 heures, le Général commandant la division prescrit au colonel Rivet commandant l'infanterie divisionnaire de prendre sous ses ordres les forces dirigées sur la Bar et d'organiser la défense. Il fixe son P. C. à Villers-le-Tilleul.

A 9 heures, on apprend que les Allemands ont franchi la Bar et le canal des Ardennes à Saint-Aignan et Omicourt et qu'ils progressent avec un grand nombre de chars.

A 9 h. 30, le Colonel commandant le 329ᵉ fait connaître sa situation. Deux bataillons sont en ligne, occupant la croupe Feuchères-Boutancourt, et le terrain au sud. Le troisième bataillon est en réserve dans les bois au nord de Villers-le-Tilleul. A 10 h. 30, ordre est donné au Commandant de l'infanterie divisionnaire d'organiser la résistance sur la ligne : route Boutancourt-Vendresse — croupe est de Vendresse. Des éléments du 239ᵉ et du 208ᵉ doivent renforcer son dispositif, mais ces bataillons, fatigués par une longue marche, ne sont pas encore à pied d'œuvre. A 15 heures, on apprend que l'ennemi a pris Flize et que des colonnes de chars se dirigent vers Mézières. A 16 heures, la bataille s'est étendue à Vendresse, où sont engagés des éléments de la brigade de spahis. A 17 heures, une colonne blindée allemande se dirige de Flize vers Etrépigny. Elle est aux prises avec des groupes d'un bataillon du 239ᵉ. Vers Vendresse, les spahis, et des éléments de la 5ᵉ Division Légère de Cavalerie, se replient, en combattant, sous la poussée des chars.

A 18 h. 30, le Colonel commandant le 329ᵉ Régiment d'Infanterie fait connaître qu'il est encerclé par des engins venant d'Elan; les spahis et la 5ᵉ Division Légère de Cavalerie reçoivent l'ordre de gagner respectivement Singly et Bouvellemont.

124 BATAILLE SUR LA MEUSE (13-14 MAI)

A 19 h. 30, l'ordre est donné de se porter sur la Vence et de l'occuper jusqu'à Poix-Terron. En cours de repli, les bataillons sont fortement éprouvés. Les éléments encerclés du 329ᵉ Régiment d'Infanterie parviennent à se dégager à la faveur de la nuit et à se porter derrière la Vence.

A 23 h. 30, la mission de la division est précisée; elle doit tenir une position comprise entre Barbaise et Bouvellemont.

Le dispositif comporte :

le 329ᵉ, de Barbaise à la Vence;
le 239ᵉ, de la Vence à la crête Mouton;
le 208ᵉ, de la crête Mouton à la voie ferrée de Bouvellemont.

Certaines unités éprouvèrent de grosses difficultés à se ressouder. Toute la nuit qui va suivre, le mouvement se poursuit sur des itinéraires encombrés par des convois de toute nature; le P. C. de la division se trouvera en fin de nuit à Viel-Saint-Rémy.

Plus au sud enfin, à la gauche de la 2ᵉ Armée, la poussée allemande exerce sur les 55ᵉ Division, 71ᵉ Division (introduite par la 2ᵉ Armée) et 3ᵉ Division Nord-Africaine une pression que ne parviennent pas à endiguer les contre-attaques de la journée du 14. D'ailleurs, visiblement, ce n'est plus sur la 2ᵉ Armée mais sur le flanc de la 9ᵉ Armée, vers l'ouest, que s'exerce l'effort principal de la masse ennemie, maintenant que la brèche est suffisamment ouverte et le champ d'exploitation dégagé.

VII. — *NUIT DU 13 AU 14 ET JOURNÉE DU 14 ACTION DU COMMANDEMENT SUPÉRIEUR*

Parvenus au soir de cette journée du 14, précisons, ainsi que nous l'avons fait pour le 13, l'action des différents échelons du Commandement supérieur.

Au G. Q. G. — On s'efforce d'amener des renforts à pied d'œuvre, de manière à parer au danger estimé le plus grave qui résulte de l'avance de l'ennemi à la droite de la 9ᵉ Armée. Les 14ᵉ et 36ᵉ Divisions, aiguillées la veille sur la deuxième position entre Aubenton et Signy-l'Abbaye, sont dirigées sur les arrières de la Meuse de Sedan; on projette de diriger la 2ᵉ Division Cuirassée sur Signy-l'Abbaye. Deux divisions à prélever sur la 7ᵉ Armée doivent être portées entre Avesnes et Guise.

D'autre part, le général Touchon commandant la 6ᵉ Armée de réserve est mis à la disposition du Général commandant la 2ᵉ Armée pour rétablir la liaison entre les 9ᵉ et 2ᵉ Armées et prendre sous son commandement les unités en cours de transport. En même temps, les Généraux commandant les 2ᵉ et 6ᵉ Régions reçoivent l'ordre de préparer l'obstruction et la défense de l'Aisne et de la Meuse. Six bataillons d'instruction sont groupés en régiments provisoires et mis à la disposition du général Touchon pour occuper la bretelle Rocroi-Liart; un détachement blindé, sous les ordres du colonel de Gaulle, est constitué dans la région de Laon (il deviendra la 4ᵉ Division Cuirassée).

Les ordres de transport donnés le 14 sont progressivement complétés par des destinations définitives. Le 23ᵉ Corps doit être dirigé sur Hirson.

La 1ʳᵉ Division Nord-Africaine et la 14ᵉ Division sont affectées à la 9ᵉ Armée.

Le courant qui, par voie de fer, amène la 2ᵉ Division Cuirassée est porté sur Hirson. Les 4ᵉ et 9ᵉ Divisions de la 7ᵉ Armée sont dirigées sur Avesnes et Guise; enfin, six bataillons d'instruction sont transportés sur Liart.

AU 1ᵉʳ GROUPE D'ARMÉES. — Les mesures suivantes sont successivement prises :

— mise à la disposition de la 9ᵉ Armée de la 1ʳᵉ Division Cuirassée ainsi que de la 1ʳᵉ Division Nord-Africaine;

— la 28ᵉ Division est dirigée vers Marle-Montcornet;

— la 43ᵉ Division est transportée derrière le canal de Charleroi;

— la 2ᵉ Division Cuirassée doit débarquer vers Hirson et être dirigée sur Signy-l'Abbaye.

Mais les événements dépassent ces prévisions.

A 1 h. 50, le 15, le Chef d'Etat-Major de la 9ᵉ Armée rend compte au Groupe d'Armées que les troupes se replient sur tout le front. Le Général commandant la 9ᵉ Armée envisage d'arrêter ses troupes sur notre position frontière en territoire national.

13-14 MAI. ACTION DU COMMANDEMENT SUPÉRIEUR 127

Le général Billotte lui prescrit de marquer un temps d'arrêt sur la ligne Marcinelle-Walcourt-Marienbourg-Rocroi-Signy-l'Abbaye et d'y installer les éléments disponibles de la 4ᵉ Division Nord-Africaine et des divisions légères de cavalerie. Cet ordre sera confirmé par l'ordre particulier nº 15 du 15 mai à 10 heures.

A LA 9ᵉ ARMÉE. — Dans la matinée du 14, le Général commandant la 9ᵉ Armée a rappelé au Commandant de la 22ᵉ Division sa mission de résistance. Il s'est rendu au P. C. du 11ᵉ Corps d'armée où il a vu les Commandants du Corps d'armée et de la 18ᵉ Division, les Chefs d'Etat-Major des 5ᵉ et 22ᵉ Divisions. Il a mis à la disposition du 11ᵉ Corps d'armée la 1ʳᵉ Division Cuirassée et la 4ᵉ Division Nord-Africaine. Au 2ᵉ Corps d'armée, il a prescrit de tenir ferme sur la ligne Warnant-Weillen. Mais le général Corap rapporte, de cette tournée, une impression défavorable. Les troupes lui ont paru très impressionnées par les attaques incessantes et à basse altitude d'une aviation ennemie très nombreuse et tenace. En fin de journée, il a fait au Commandant du Groupe d'Armées un compte rendu où il ne dissimule pas la gravité de la situation. C'est sur la teneur de ce compte rendu et aussi sans doute sur la demande du général Corap, que le général Billotte a ordonné le repli sur la ligne générale définie ci-dessus.

AUX 2ᵉ ET 11ᵉ CORPS D'ARMÉE. — Au 2ᵉ Corps d'armée les efforts ont tendu à rétablir la situation

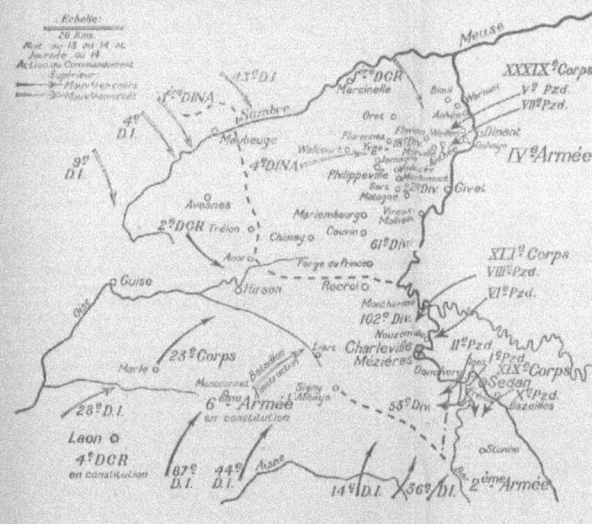

sur la droite de la 5ᵉ Division et à maintenir la liaison avec la 18ᵉ Division.

Au 11ᵉ Corps d'Armée, le général Corap, venu à Florennes dans la matinée, a fait espérer que la 1ʳᵉ Division Cuirassée serait mise à sa disposition pour contre-attaquer avec la 4ᵉ Division Nord-Africaine, qui a doublé l'étape, la veille, pour atteindre la région de Florennes dans la journée.

En effet, au début de l'après-midi, le général Sancelme, commandant la 4ᵉ Division Nord-Africaine (1), s'est présenté au P. C. Ses troupes sont fatiguées; le 13ᵉ Zouaves est en retard sur les 23ᵉ et 25ᵉ Tirailleurs. Fin novembre 1939, la

---

(1) La 4ᵉ Division Nord-Africaine comprend le 13ᵉ Zouaves, les 23ᵉ et 25ᵉ Régiments de Tirailleurs Algériens. Son artillerie comprend les 33ᵉ et 233ᵉ Régiments d'Artillerie. Le général Bernard commande l'infanterie divisionnaire.

4ᵉ Division Nord-Africaine avait été dirigée sur Hirson. Elle a pris les consignes d'occupation du secteur compris entre Trélon et Hirson. Dans la division, deux hypothèses d'emploi ont été envisagées : l'occupation de la position fortifiée, ou la montée vers Philippeville, dans la nuit de « J 3 » à « J 4 » en réserve d'armée.

Parant au plus pressé, le Général commandant le 11ᵉ Corps d'armée pousse sur Onhaye le groupe de reconnaissance de la division et organise le commandement, partageant le front nord du Corps d'armée entre les deux divisionnaires : le général Duffet à gauche, le général Sancelme à droite (P. C. Morville). La limite entre les deux divisions est Weillen à la 18ᵉ Division, le bois de Weillen à la 4ᵉ Division Nord-Africaine.

La 4ᵉ Division Nord-Africaine sera ainsi placée devant son objectif éventuel de contre-attaque.

Dans l'après-midi, arrive au P. C. de Florennes le général Bruneau, commandant la 1ʳᵉ Division Cuirassée. Cette division cuirassée se trouve dans la région de Charleroi, et le général Bruneau rend compte qu'il vient d'être mis à la disposition de la 9ᵉ Armée, mais pas plus spécialement au 11ᵉ Corps d'armée qu'au 2ᵉ Corps d'armée, et qu'il croit nécessaire de prendre également liaison avec le général Bouffet. Liaison téléphonique prise avec la 9ᵉ Armée, le général Corap confirme que la 1ʳᵉ Division Cuirassée est mise à la disposition du 11ᵉ Corps d'armée. Les grandes lignes de l'action projetée sont précisées. Les chars doivent prendre position au nord de Flavion. L'objectif prévu pour ce soir sera la région du bois de Weillen, avec mission de dégager le front du Corps d'armée. L'attaque sera menée par la division cuirassée seule, car il est trop tard pour monter ce soir une opération avec la 4ᵉ Division Nord-Africaine, qui n'est d'ailleurs pas, pour l'instant, en mesure de fournir l'effort nécessaire. Le général Bruneau quitte le P. C. à 18 heures.

La situation générale s'aggravant, le général Martin rédige un ordre d'opérations pour la journée du 15 mai. Cet ordre prévoit l'établissement du Corps d'armée sur la ligne Oret-Florennes-Vodecée-Merlemont-Sart-en-Fagne-Matagne-Vireux. Son intention est de poursuivre le 15 mai la contre-attaque avec la 1ʳᵉ Division Cuirassée et la 4ᵉ Division Nord-Africaine, suivant la situation, soit en direction d'Anthée-Dinant, soit en direction de Givet.

Dans la soirée, l'ordre 4.147/3 de l'Armée oblige à des mesures différentes. La 18ᵉ Division doit tenir entre le ruisseau d'Yves et Jamagne. La 4ᵉ Division Nord-Africaine doit tenir Philippeville et se relier à la 22ᵉ Division, qui doit barrer la route de Chimay, sur la ligne Mariembourg-Couvin, se liant à droite avec la 61ᵉ Division à la Forge du Prince.

Au surplus, la contre-attaque de la 1ʳᵉ Division Cuirassée n'a pas lieu, le 14 au soir, pour des raisons que nous verrons, en étudiant les mouvements de cette grande unité.

AU 41ᵉ CORPS D'ARMÉE. — L'activité du Commandant de Corps d'armée s'est appliquée à la conduite du combat de Monthermé, et plus encore aux événements graves survenus à la droite du Corps d'armée.

Avant de terminer cette journée du 14 dont nous venons de rappeler les événements les plus saillants, faisons le tableau d'ensemble de la situation.

Au nord, le 2⁰ Corps d'armée et la 5⁰ Division Motorisée, accrochés par leur gauche à la Meuse, perdent de plus en plus, au fur et à mesure qu'on va sur leur droite, le contact de la rivière. Moins pressés qu'ailleurs, ils tiennent mieux.

Largement rejetées à l'ouest de la Meuse, avec leurs bataillons disloqués et parfois enchevêtrés, les 18⁰ et 22⁰ Divisions sont en plein repli ; çà et là, quelques éléments cherchent à s'accrocher au terrain.

Venue pour une attaque en force, fatiguée par ses déplacements, impressionnée par une ambiance de défaite, la 4⁰ Division Nord-Africaine s'insère entre les 18⁰ et 22⁰ Divisions. La 1ʳᵉ Division Cuirassée, partie de Charleroi dans l'après-midi, emploie la fin de la journée du 14 à se porter sur Flavion. Non attaquée, la 61⁰ Division demeure en place.

La 102⁰ résiste au point névralgique de Monthermé. Sa droite, subissant les effets de la percée de Sedan, s'effrite sous la poussée des chars adverses.

La 53⁰ Division use ses bataillons dans un colmatage, sans cesse en échec, du flanc droit, si gravement menacé, de la 9⁰ Armée.

Dans toute la partie active de la zone et du fait des bombardements, et des déplacements de postes de commandement, transmissions et liaisons se trouvent interrompues à l'intérieur des grandes unités, des régiments, souvent même à l'intérieur des bataillons. Sur chaque grand itinéraire, se presse une cohue de véhicules en retraite mêlés aux réfugiés. Le moindre déplacement d'un chef ou d'un agent de liaison se heurte aux pires difficultés. L'absence de renseignements précis est à peu près totale.

La rapidité de la progression ennemie dépasse le plus souvent la décision du commandement, à tous les échelons, à plus forte raison, l'exécution de ses ordres. La panique a gagné quelques combattants en cours de repli. Leur faiblesse numérique, donc leur dispersion, facilite les défaillances. Sur tout cela, l'aviation ajoute impunément son action démoralisante et parfois sanglante.

L'ennemi, lui, pousse sans arrêt, constamment renforcé par les troupes qui, à l'abri des vues et des coups, traversent la Meuse, en des points de passage qui ont été promptement rétablis. L'effort de sa progression vise les grands itinéraires; son avance déborde les bastions que notre défense a pu maintenir.

De cette situation du 14, que peut-on espérer pour la journée du 15? Peut-on être sûr que l'action de la 1re Division Cuirassée ait un résultat décisif, ou soit suffisante, pour donner le délai nécessaire au repli décidé? Peut-on attendre de troupes qui n'ont pu tenir la Meuse, qu'elles se cramponnent sur la ligne de terrain Walcourt-Mariembourg-Rocroi-Signy-l'Abbaye, et ultérieurement sur la position frontière? C'est assurément douteux, à moins que, sur cette position frontière, des éléments, en place et en force, n'assurent leur recueil.

Il n'en est pas moins vrai que du point de vue du commandement, puisque l'arrêt de l'ennemi sur la Meuse n'était plus en question, la solution ne peut être le 14 au soir que celle qu'il a choisie :

— contre-attaquer avec les moyens disponibles pour tenter de se rétablir entre Meuse et Sambre;

— préparer l'arrêt de l'ennemi sur la position fortifiée en territoire national.

C'est à quoi l'on va s'efforcer, au cours des 15 et 16 mai, étant entendu que les premières heures, qui vont suivre, vont tendre à l'exécution des ordres répercutés en fonction de celui qui, on se le rappelle, a été donné par le Groupe d'Armées : rétablissement sur la ligne Marcinelle-Walcourt-Mariembourg-Rocroi-Signy.

*

Comment sont disposées les forces ennemies qui assaillent la 9ᵉ Armée?

Le XXXIXᵉ Corps blindé (Vᵉ et VIIᵉ Panzerdivisionen) s'est créé, le 13, la tête de pont d'Anhée; c'est de là, qu'il fait déboucher ses engins blindés en direction de Philippeville. Pendant les deux journées du 13 et du 14, il n'a devant lui aucune force appréciable en chars, et nos troupes sont, on le sait, faiblement dotées en engins antichars. Compte tenu de l'expérience ultérieurement acquise, il eût fallu, répétons-le, que notre infanterie possédât dix fois plus d'engins antichars qu'elle n'en avait, pour espérer arrêter les blindés; elle se défend cependant avec ce qu'elle a, puisqu'au bout de deux jours, l'ennemi n'a pu avancer que d'une dizaine de kilomètres; mais il va être en mesure, dès le 15, de monter des attaques puissantes, au moment où notre 1re Division Cuirassée va, elle aussi s'engager.

Au sud, le groupement von Kleist obtenait des résultats plus rapidement décisifs. Cinq Panzerdivisionen y participaient. La 1re Panzerdivision qui a franchi la frontière française dès le 12, à 9 h. 30, se heurte à une résistance opiniâtre pour atteindre la Meuse vers Saint-Menges, en face de la presqu'île d'Iges. Nos canons de 75, par leur tir précis, ont rendu cette progression difficile, et nous ont donné le temps de faire sauter tous les ponts de la Meuse. Ce n'est que le 12 au soir, comme on l'a vu, que les Allemands atteignent la Meuse entre Sedan et Charleville.

Le 13, Guderian, avec les Ire, IIe et Xe Panzerdivisionen, déclenche l'attaque générale sur Sedan; elle est précédée, entre 12 et 16 heures, par des bombardements continus de nos positions, et particulièrement un bombardement très efficace en piqué. Le passage est tenté à 16 heures en trois points. Il échoue à Donchery, réussit à Glaire (nord-ouest de Sedan) et à l'ouest de Bazeilles. Arrivant par la presqu'île d'Iges, les Allemands se heurtent à notre position principale à Frénois. Leurs vagues d'assaut y font brèche, et atteignent à la nuit le bois de la Marfée. Dès le 13 au soir, la décision du Commandement allemand est prise : porter au sud de la Meuse les Iʳᵉ et IIᵉ Divisions blindées et les pousser vers l'ouest en organisant une couverture face au sud. Dans la nuit, un pont est lancé, par où passe la Iʳᵉ Panzerdivision, en aval de Sedan. Son avance permet à la IIᵉ Panzerdivision de prendre pied sur la rive gauche à Donchery et à la Xᵉ Panzerdivision de franchir la Meuse en amont de Sedan. La mise hors de cause de notre 55ᵉ Division et l'établissement, le 14 dans l'après-midi, du régiment Grossdeutschland dans les bois de Stonne, permet au XIXᵉ Corps blindé de porter une avant-garde au delà du canal des Ardennes, et c'est une attaque puissante, qu'il fera le 15, en direction de Poix-Terron.

Le 13 au soir, c'est à Monthermé que le XLIᵉ Corps (Reinhardt) aborde la Meuse. La VIIIᵉ Panzerdivision, après une lutte assez dure, finira par s'ouvrir le passage à Monthermé, tandis que la VIᵉ passera à Nouzonville. Le XLIᵉ Corps prendra ensuite sa direction sur Aubenton-Vervins.

Les XIXᵉ et XLIᵉ Corps sont immédiatement suivis par les trois divisions motorisées du XIVᵉ; derrière le XXXIXᵉ Corps marche la IVᵉ Armée allemande (von Kluge).

Tels sont les adversaires auxquels la seule 9ᵉ Armée doit faire face.

CHAPITRE IV

LE REPLI SUR LA POSITION FRONTIÈRE
(15 et 16 mai 1940)

I. — NUIT DU 14 AU 15 ET JOURNÉE DU 15 AU 2ᵉ CORPS D'ARMÉE ET A LA 5ᵉ DIVISION

A 2 heures du matin, le 15, le général Boucher, commandant le groupement nord, et le général Dunoyer, placé sous les ordres du général Barbe, commandant le groupement sud, sont convoqués à Devant-les-Bois, P. C. du 2ᵉ Corps d'armée.

Ils y reçoivent un ordre de repli portant :
— le groupement nord sur la ligne Wépion-Lesves-Saint-Gérard;
— le groupement sud sur la ligne Saint-Gérard-Graux-Mettet.

Cet ordre est exécuté sans encombre au lever du jour par le groupement nord qui, tout au long du 15, ne subira qu'une pression peu énergique. Son front est constitué au nord par le 1ᵉʳ Groupe de Reconnaissance de Corps d'armée qui se raccroche à Wépion, au centre par le III/8, replié sur la ligne fort Héribert-bois-de-Villers-Lesves, au sud par le II/8, avec quelques éléments du I/8 dans la région de Sart-Saint-Laurent. Le 15 au soir, le groupement nord tient toujours cette ligne.

Au groupement sud, la ligne Saint-Gérard-Graux-Mettet est occupée le 15 à 6 heures. Dans la matinée, l'ennemi presse le régiment de dragons de la 4ᵉ Brigade de Cavalerie (4ᵉ Division Légère de Cavalerie) à Saint-Gérard, dont il finit par s'emparer dans l'après-midi.

Plus au sud, le 1ᵉʳ Groupe de Reconnaissance Divisionnaire forme un crochet défensif le long de la route Bioul-Oret. Dans le bois de Ronquière, le II/129 résiste encore.

En fin de journée, le Général commandant le 2ᵉ Corps d'armée donne l'ordre de tenir pour le 16 au matin la ligne :

— groupement nord : Sambre-bois de Ham-Fosses-Mettet;

— groupement sud : Mettet-Oret.

Egalement en fin de journée du 15, le groupement nord est renforcé par un détachement de liaison du 5ᵉ Corps d'armée, corps de droite de la 1ʳᵉ Armée.

II. — NUIT DU 14 AU 15 ET JOURNÉE DU 15 ENGAGEMENT DE LA 1ʳᵉ DIVISION CUIRASSÉE

Ici prend place l'action de la 1ʳᵉ Division Cuirassée, qui, nous le savons, a été prévue pour le 14 au soir et la journée du 15. Avant d'exposer dans le détail ce que fut cet engagement, il est nécessaire de préciser la situation de cette grande unité au moment où elle est appelée au combat.

Cantonnée dans la région de Suippes, la 1ʳᵉ Division Cuirassée (1), mise aux ordres de la 1ʳᵉ Armée, a fait mouvement dans la matinée du 11 mai. Ses éléments transportés par fer ont été portés dans la région est de Charleroi, où ils ont débarqué le 12 mai, à partir de 10 heures. Les éléments sur roues se sont portés sur Barenton-sur-Serre, et la région sud de Marle, qu'ils ont atteinte le 12 mai, vers midi et quittée le soir à 21 h. 30 pour gagner, à 170 km. de là, la zone de stationnement de la 1ʳᵉ Division Cuirassée. Cette

---

(1) Elle est commandée par le général Bruneau et comprend la 1ʳᵉ Demi-Brigade formée du 28ᵉ Bataillon et du 37ᵉ Bataillon de Chars de combat et la 3ᵉ Demi-Brigade formée du 25ᵉ Bataillon et du 26ᵉ Bataillon de Chars de combat.

Son infanterie est formée du 5ᵉ Bataillon de Chasseurs Portés. Elle a comme artillerie le 305ᵉ Régiment d'Artillerie tous terrains.

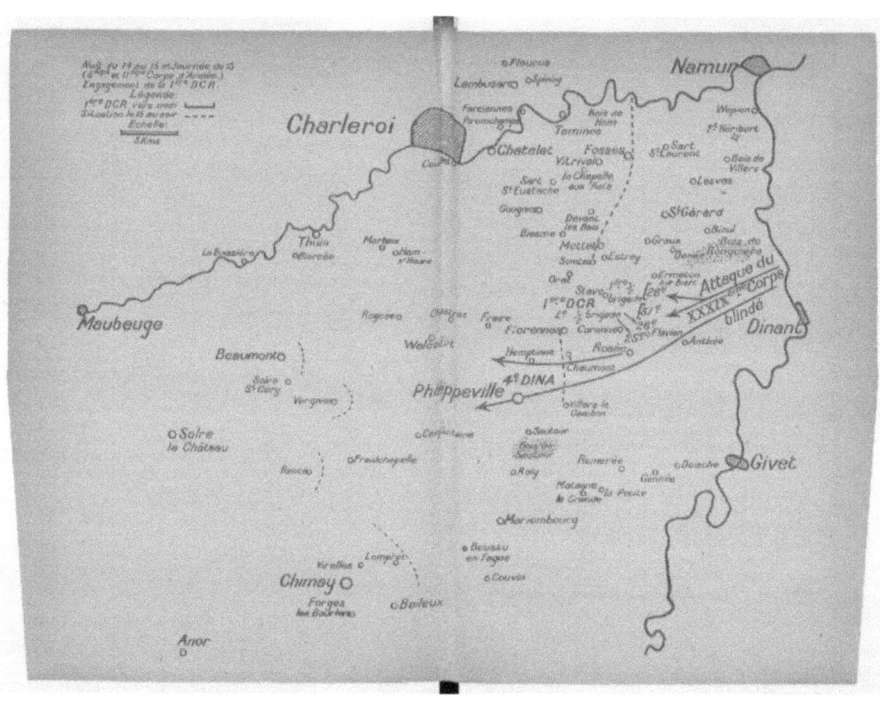

zone était : Q. G., Lambusart; 1ʳᵉ Demi-Brigade, Fleurus et Lambusart; 3ᵉ Demi-Brigade, Spinoy et environs; 5ᵉ Bataillon de Chasseurs, Wainage; 305ᵉ Régiment d'Artillerie tous terrains, Pironchamps et Farciennes. Les mouvements avaient été terminés le 14 mai à 13 heures, au milieu d'itinéraires encombrés de Belges, civils et militaires, dans un désordre complet.

Entre temps, il avait été précisé au général Bruneau, par la 1ʳᵉ Armée, que la 1ʳᵉ Division Cuirassée était destinée à être employée pour maintenir notre position, dans la région Gembloux-Ottignies.

Le 13, le général Bruneau prend liaison avec le 4ᵉ Corps d'armée (général Aymes), puis avec le 5ᵉ Corps d'armée (général Altmayer). Le général Keller, inspecteur des chars, vient à son Q. G. vers 17 heures; les chefs des corps de la division s'y trouvent réunis et le Général commandant la 1ʳᵉ Division Cuirassée les met au courant de la situation, leur expose les missions pouvant éventuellement incomber à la division et leur prescrit les reconnaissances nécessaires à l'intérieur du périmètre Ottignies-Gembloux-Rhisnes-Temploux-Sombreffe-Tilly-Ottignies.

A 22 heures, un officier de l'état-major du 4ᵉ Corps d'armée fait connaître que son chef désire que la division cuirassée se porte vers Sombreffe en prévision de l'attaque prochaine de l'ennemi.

A 23 heures, le Général est avisé téléphoniquement par un officier d'état-major de la 1ʳᵉ Armée que la 1ʳᵉ Division Cuirassée, tout en conservant sa mission actuelle, doit se tenir prête à être engagée dans la journée du 14, en direction du sud-est, dans la région de Dinant, alors que jusque-là son intervention éventuelle n'avait été envisagée qu'au nord de la Sambre dans la région de Gembloux. Au cours de cet entretien, le Général commandant la 1ʳᵉ Division Cuirassée insiste à deux reprises pour que le Général commandant la 1ʳᵉ Armée soit bien prévenu que, si l'on doit s'engager sur cette nouvelle direction, dans l'état de fatigue où se trouvent personnel et matériel, le rendement de la division sera considérablement réduit.

Des reconnaissances sont immédiatement entreprises en direction du sud-est, les ponts de la Sambre sont reconnus et la division cuirassée est alertée.

Le 14 vers 13 h. 30, le Général commandant la 1ʳᵉ Division Cuirassée reçoit l'ordre, par l'intermédiaire d'un officier d'état-major de la 1ʳᵉ Armée, de se mettre aux ordres de la 9ᵉ Armée, et d'être en mesure de contre-attaquer le soir même en direction de Dinant. Il est prescrit au général Bruneau :

1°) de porter immédiatement sa grande unité au sud de la Sambre en vue de contre-attaquer et de rejeter au delà de la Meuse les forces ennemies ayant franchi cette rivière dans la région de Dinant;

2°) de se rendre au plus tôt de sa personne à Florennes pour y prendre les ordres d' « Aristote » (nom de convention du 11ᵉ Corps).

Après avoir dicté un ordre d'opérations, le général Bruneau part pour cette liaison. L'ordre prescrit que la 1ʳᵉ Division Cuirassée doit se déplacer sur les trois itinéraires : Fosses-Saint-Gérard; Tamines-La-Chapelle-aux-Rats (ouest de Vitrival)-Mettet; Châtelet-Gougnies-Biesme. Ce déplacement s'effectue sans trop de difficultés, mais lentement du fait de l'encombrement considérable des routes et de leur étroitesse.

Au P. C. du 11° Corps d'armée, il n'y a aucun ordre de la 9° Armée mettant la division cuirassée à sa disposition. Liaison est prise téléphoniquement par l'intermédiaire du 2° Corps d'armée, auprès duquel s'est porté le général Bruneau (car les communications téléphoniques du 11° Corps d'armée avec la 9° Armée sont coupées). Le général Corap donne personnellement l'ordre de contre-attaquer le jour même, aux ordres du 11° Corps d'armée.

Le général Bruneau se porte au-devant de ses éléments, trouve son état-major au nord-ouest de Mettet, et donne un ordre indiquant la mission de la 1ʳᵉ Division Cuirassée, poussant la 1ʳᵉ Demi-Brigade sur la ligne Ermeton-sur-Biert-Flavion prête à contre-attaquer en direction de l'est ou du sud-est, plaçant la 3° Demi-Brigade en colonne derrière la droite de la 1ʳᵉ, de façon à la couvrir, face au sud, laissant momentanément sur place les autres éléments de la division.

Puis le Commandant de la 1ʳᵉ Division Cuirassée gagne Florennes et rend compte au 11° Corps d'armée des dispositions prises. Ordre est donné par le 11° Corps d'armée de contre-attaquer dès que possible en direction ouest-est, immédiatement au nord de Dinant, et de pousser aussi loin que possible.

L'ordre est rédigé sur place, au 11° Corps d'armée.

Attaquant de part et d'autre d'un parallèle choisi sur la carte, la 1ʳᵉ Demi-Brigade, en bataille, doit pousser aussi loin que permettront le jour et le terrain; la 3ᵉ Demi-Brigade, par bataillons successifs, doit suivre la droite de la 1ʳᵉ Demi-Brigade et couvrir vers le sud. Mais il est tard déjà; le général Bruneau retourne alors à son P. C. Les itinéraires sont impraticables. Ce n'est que vers 20 h. 30 que les éléments de tête de la 1ʳᵉ Demi-Brigade arrivent au nord de Flavion.

Estimant impossible d'engager une action offensive avant la nuit, le Général commandant la 1ʳᵉ Division Cuirassée détruit l'ordre préparé pour la contre-attaque et prescrit au Commandant de la 1ʳᵉ Demi-Brigade d'arrêter son échelon de tête à hauteur de la route Ermeton-sur-Biert-Flavion pour en interdire le franchissement.

Après la tombée de la nuit, vers 23 heures, le Général commandant la 1ʳᵉ Division Cuirassée donne l'ordre, pour faciliter le ravitaillement, de reporter, avant le jour, son dispositif à l'abri des couverts situés à l'ouest de la route Ermeton-Flavion, étant au demeurant prêt à contre-attaquer, dès l'aube.

Vers 23 heures, le Colonel commandant la 3ᵉ Demi-Brigade qui vient d'arriver, reçoit l'ordre de placer sa demi-brigade, un bataillon face au nord-ouest de Flavion, l'autre en échelon au sud de Corenne avec mission de couvrir la 1ʳᵉ Demi-Brigade face au sud.

Le P. C. de la division doit être à Stave.

A minuit, le général Bruneau fait rendre compte de ces dispositions au 11ᵉ Corps d'armée dont le poste de commandement est en cours de déplacement.

Le 15, à 5 heures, il donne ordre au 305° d'Artillerie de faire des reconnaissances pour battre la grande route Dinant-Anthée et à l'ouest d'Anthée; au 5° Bataillon de Chasseurs, de couvrir l'artillerie.

Vers la même heure, un nouvel ordre du 11° Corps d'armée enjoint de contre-attaquer. Mais les ravitaillements ont été retardés par l'encombrement des routes. Le général Bruneau, qui estime qu'on ne peut guère être prêt avant la fin de la matinée, envoie un compte rendu au Commandant du 11° Corps d'armée lui demandant ce qu'il faudra faire à ce moment. Entre temps, des éléments du 23° Tirailleurs, qui se trouvaient là, dans la nuit, ont disparu.

Le général Bruneau prescrit, vers 8 heures, à l'artillerie de ne déployer qu'une batterie.

Vers 9 heures, une violente canonnade se déclenche sur le front de la 1re Demi-Brigade où il apprend que l'engagement vient de commencer. Voici comment.

28° Bataillon de Chars de combat — Les chars sont en place dans la nuit. De nombreux bruits de chenilles s'entendent dans la région d'Anthée. Vers 8 h. 30, une trentaine de chars allemands apparaissent aux lisières ouest d'Anthée. Bientôt suivis par d'autres, ces appareils progressent en direction Flavion-Corenne. Le feu est ouvert à 1.000 mètres. Des chars puissants K 3, K 4, S 3, S 4 s'approchent du centre du bataillon. Il en résulte un combat très violent, au cours duquel de très nombreux chars sont touchés, de part et d'autre. Une compagnie

14-15 MAI. ENGAGEMENT DE LA 1ʳᵉ D. C. R.

réservée du bataillon intervient sur des chars ennemis qui ont débordé Flavion. Mais le flot incessant des blindés ennemis passe quand même.

Vers 10 heures, le feu s'éteint. A 11 heures, une deuxième vague de chars apparait aussi dense que la précédente. Elle a plus de chars lourds : ils sont appuyés par des canons antichars. Le combat reprend jusqu'à 13 heures. Nombre de nos chars B sont percés et incendiés. Le ravitaillement en essence est impossible.

Or, l'essence baisse... Des chars allemands ont débordé à nouveau le bataillon et l'attaquent par l'ouest. La lutte continue. Quand parvient vers 17 h. 30 l'ordre de repli sur la ligne Florennes-Mettet, il ne reste plus que deux chars en état de l'exécuter. Ces deux chars, augmentés de cinq chars restés en deuxième échelon, constituent le soir la seule dotation du 28ᵉ Bataillon (ils se trouveront à Beaumont le 15 au soir; le 16 il ne reste que deux chars, qui finiront à Avesnes). Une centaine de chars allemands sont restés devant le front du 28ᵉ Bataillon. Certains de nos chars immobilisés continuent le combat jusqu'à 19 heures.

37ᵉ Bataillon de Chars de combat Le 37ᵉ Bataillon, au cours de la nuit, ainsi que l'ordre lui en a été donné, a pris position à l'ouest de la route Ermeton-Flavion.

Vers 8 heures, quelques éléments du 66ᵉ d'Infanterie s'installent à la lisière des bois.

Bientôt après, premier passage d'avions.

A 9 h. 30, un élément motorisé qui est signalé sur la route est dispersé. Un peu plus tard, une colonne d'engins antichars signalée sur la route Flavion-Ermeton est anéantie par la 3ᵉ Compagnie. Vers 13 heures, le bataillon reçoit par radio l'ordre de contre-attaquer avec une compagnie, sur des engins blindés qui sont signalés au nord de Flavion. Cette contre-attaque a pour but de soulager le 28ᵉ Bataillon. Elle donne lieu à un très sérieux engagement de la 2ᵉ Compagnie, qui se porte au milieu des chars allemands et y combat jusqu'à sa perte totale. Entre temps, des tentatives d'infiltration sont arrêtées sur le front des 1ʳᵉ et 3ᵉ Compagnies.

A 14 heures, parvient un ordre de la demi-brigade de se porter à hauteur de Somtet et de barrer, sans idée de repli. Cet ordre ne peut plus concerner que les 1ʳᵉ et 3ᵉ Compagnies. La 1ʳᵉ rallie normalement, la 3ᵉ se replie par Ermeton. Là, elle se lance à l'attaque des lisières de Denée, qui sont tenues par des engins antichars. Le combat est violent. Des groupes ennemis sont visiblement anéantis, mais les sept chars de la compagnie y restent. Sur quarante-quatre membres des équipages, seize sont tués, dont quatre officiers et seize sont blessés.

Il ne reste plus que neuf chars au 37ᵉ Bataillon; ils demeurent en place jusqu'au 16 à 1 heure du matin sur la route à l'ouest d'Estroy (faubourg sud de Mettet); le bataillon part à ce moment pour La Figeoterie, où il reçoit l'ordre de rallier Avesnes par

Beaumont. Après Ham-sur-Heure (est de Marbaix), le groupe qui subsiste, est accueilli à coups de canon par une batterie ennemie, qu'il neutralise; les derniers chars seront détruits à Beaumont.

25ᵉ Bataillon de Chars de combat — Il se trouve aux débouchés de Corenne. Très violemment bombardé dans la matinée, il livre combat vers 11 heures, sur sa droite, contre de nombreux chars qui passent au sud de Corenne, marchant en direction de Florennes.

A 14 heures, le bataillon reçoit l'ordre de venir au sud de Stave pour tenir la route nord-est de Florennes.

Le soir, à 18 h. 30, l'ordre de retraite sur Froidchapelle est donné. En cours de route il est changé, en direction de Beaumont.

Le lendemain matin, 16 mai, une compagnie (2ᵉ) sera mise à la disposition de la 18ᵉ Division pour défendre Beaumont, la 1ʳᵉ Compagnie se reforme au nord de Dourlers, la 3ᵉ a sept chars à Solre-le-Château.

26ᵉ Bataillon de Chars de combat — Il se trouve en place aux lisières nord-ouest de Flavion. Lui aussi lutte contre une partie des chars venant d'Anthée. Plus nombreux sont ceux qui s'écoulent vers Florennes, plus de cinq cents comptés de façon certaine. Des éléments d'infanterie qui cherchent à progresser vers l'ouest sont arrêtés par le 26ᵉ

Bataillon. Quand l'ordre de repli sera donné, il ne lui restera plus qu'une vingtaine de chars, qui finiront dans les combats prochains, quatorze vers Beaumont et Maubeuge, six à Avesnes, trois à La Capelle.

Derniers mouvements de la 1ʳᵉ Division Cuirassée

Au cours de la journée du 15, préoccupé par la progression constante de l'ennemi vers Philippeville et se voyant ainsi débordé par le sud de Florennes, le Général commandant la division décide de se reporter, vers 14 heures, sur la route Mettet-Florennes.
En arrivant à Oret, il trouve l'officier de liaison du 11ᵉ Corps d'armée apportant l'ordre de placer les demi-brigades derrière chacune des divisions pour les étayer. Le Général juge l'ordre inexécutable, et préfère essayer le regroupement vers Solre-le-Château; il tente d'aller voir le 11ᵉ Corps d'armée à Froidchapelle. Il y renonce à Walcourt et revient à son P. C., où l'on a des difficultés à transmettre l'ordre de repli, car les liaisons sont précaires. Il est 18 h. 15. L'ordre de repli préparé est complété; la ligne de retraite générale est : Fraire-Chastre-Rognée-Beaumont.
La nuit tombée, les différents éléments qui subsistent de la division cuirassée se dirigent sur Beaumont.

Le combat de la 1ʳᵉ Division Cuirassée, dont nous venons de suivre les péripéties, l'avait mise aux prises avec le XXXIXᵉ Corps blindé allemand; elle n'avait pas pu arrêter la progression des engins ennemis, dans toute la partie gauche de leur attaque, et leur masse principale continuait à s'avancer sur Philippeville. La contre-attaque qui lui avait été prescrite s'était ainsi transformée en combat de rencontre, où ses éléments engagés avaient vaillamment mené la lutte. Parmi beaucoup d'exploits qui sont à l'honneur de nos chars, notons ici quelques détails sur le bel engagement de la 21ᵉ Compagnie du 37ᵉ Bataillon, tel qu'en a fait le récit le Lieutenant de la compagnie :

« En avant! ordonne l'*Adour*, char du capitaine... Nous partons axe nord-sud, franchissons une première crête, descendons un thalweg pour aborder un plateau; je longe personnellement la lisière du bois de Biert-l'Abbé; le *Gard* est à ma droite, le capitaine est à droite du *Gard*, je suis à sa hauteur et vois mal les autres chars de la compagnie... A ce moment, un coup dans le blindage côté gauche! Vers la route, des lueurs rouges s'allument au ras d'une haie; un nouveau coup dans le blindage! J'hésite à riposter, car je crois à une erreur des nôtres; puis j'oriente ma tourelle vers les lueurs et expédie cinq explosifs sur la haie où rien ne bougera plus. Je reprends ma progression et arrive aux bois qui garnissent le rebord du plateau et c'est là que commence le combat. Le pilote crie : « Un char en lisière devant nous! » C'est bien un ennemi! un P.Z.K.W.4 sur lequel je règle le tir du 75... Auprès du char allemand en feu, des hommes rampent et se glissent dans le taillis. Tout notre flanc gauche est garni de gros chars allemands; je les aperçois plus ou moins, car ils sont camouflés, embossés et immobiles. A ce moment, l'aide-pilote du capitaine vient m'apprendre que le capitaine, blessé au ventre et aux jambes, me passe le commandement. Deux nouveaux P. Z. K. W. 4 flambent sous notre feu, mais mes radiateurs sont crevés à leur tour; mon 75 reçoit un coup sur la tranche de la bouche et reste à la position de recul maximum; je continue au 47. Me sentant harcelé, j'essaie de changer de place, et de me porter dans un taillis plus au sud. Le bois est pilonné par du 105, et des entonnoirs se creusent non loin de nous. A distance, j'aperçois le *Gard*, dont la porte de tourelle est ouverte, et plus loin l'*Ourcq* et l'*Yser*, qui tirent sans arrêt; sur ma droite se trouve un char cadavre, du 28°; la ligne des chars allemands forme un demi-cercle d'appareils dont j'évalue le nombre à cinquante ou soixante. Je donne aux chars de ma compagnie l'ordre de ralliement. La radio fonctionne... *Ourcq* et *Yser* se replient lentement, tandis que j'aperçois l'*Hérault* qui flambe vers le rebord ouest du plateau... »

※

III. — *NUIT DU 14 AU 15 ET JOURNÉE DU 15 AU 11° CORPS*

(18° Division, 4° Division Nord-Africaine, 22° Division)

18° Division — Le 15, le nouveau poste de commandement de la division, atteint avant le lever du jour, est à La Hotte, immédiatement au sud de Fraire. Le front de la division s'étend de Chaumont à Mettet, la voie ferrée marque la ligne principale de défense. Du nord au sud, l'échelonnement comporte : le 39ᵉ (de la 5ᵉ Division), le génie, les 125ᵉ, 77ᵉ, 66ᵉ Régiments; le groupe de reconnaissance divisionnaire est découplé vers Mettet. L'ensemble des forces encore disponibles doit donner environ quatre bataillons. Dans la matinée, liaison est prise avec le P. C. du Corps d'armée, l'ordre y est confirmé de tenir ferme sur place. La ligne de combat est placée sous les ordres du Colonel commandant l'infanterie divisionnaire dont le P. C. est fixé au passage à niveau, sur la route de Florennes à Oret.

Le champ de bataille a gardé sa physionomie trouble de la veille. Voici les impressions d'un officier d'état-major : « Sur la route, nous passons à travers les tourbillons de fumée d'un convoi d'essence qui vient d'être bombardé par avions et flambe sur la voie à proximité de la route. Ailleurs, un groupe d'artillerie a été attaqué en colonne de marche sur la route. Sur la chaussée et de part et d'autre de celle-ci, une série d'énormes entonnoirs et de très nombreux cadavres de chevaux indiquent que l'attaque a dû être foudroyante.

« Sur la route de Fraire, arrive sur nous en plein galop un groupe d'artilleurs débandés. Arrêtés, ils déclarent que l'ennemi est derrière eux, puis s'en vont en ordre et à meilleure allure! »

A l'annonce de la progression ennemie toute proche de Fraire, le P. C. de la division se porte à Walcourt où se trouve le Colonel commandant le 125ᵉ, puis peu après à Vergnies; les nouvelles parviennent que l'ennemi a atteint Cerfontaine, Froidchapelle.

Peu après, un officier d'état-major apporte au général les directives suivantes du général Giraud qui vient de prendre le commandement de l'Armée : tenir à tout prix, avec ce qu'on pourra rassembler, au moins jusqu'à demain matin, Beaumont et Chimay; sinon, c'est la droite de la 1re Armée et avec elle l'armée anglaise et l'armée belge qui sont tournées. C'est le désastre, car les fortifications n'ont pas été occupées et il faut donner aux renforts le temps d'arriver. En cas de repli trop rapide de Beaumont, il faudrait essayer de tenir Solre-le-Château.

Il est alors décidé que le général Duffet s'efforcera de faire barrage à Beaumont; le général d'Arras, à Chimay.

Un barrage est aussitôt constitué, vers 18 heures, à Beaumont avec les éléments qui peuvent être récupérés. Se trouvent là quelques chars, des fractions du 39e, du 23e Régiment de Tirailleurs. Un peu plus tard sera récupéré, à Solre-Saint-Géry, le II/66.

Quand la nuit tombe, on est à peu près sans nouvelles du reste de la division. On finira toutefois par apprendre que Rance est tenu par la valeur d'une compagnie; Walcourt, par un groupe de reconnaissance divisionnaire et quelques éléments du 125e.

4ᵉ Division Nord-Africaine — Nous avons vu de quelle manière la 4ᵉ Division Nord-Africaine a été insérée, le 14 au soir, entre les 18ᵉ et 22ᵉ Divisions.

Rappelons qu'après avoir fait une marche dure, pour venir participer à la contre-attaque du 14 au soir, elle se trouve le 15 au matin dans la région à l'est de Philippeville. Elle a pour mission de tenir la ligne Hemptinne-Philippeville et accomplit cette mission une partie de la journée du 15. Poussée à son tour par la progression allemande, entraînée par le reflux des divisions voisines, la 4ᵉ Division Nord-Africaine participe ensuite au retrait général.

Sans qu'on ait des renseignements précis sur l'action de cette division, il est possible de reconstituer les faits auxquels ont participé la plupart de ses troupes et d'avoir ainsi une idée suffisamment nette de son action dans la bataille.

Le 25ᵉ Tirailleurs a fait mouvement le 12 mai dans la nuit en direction de Philippeville. Son étape l'a conduit à Boutonville (8 km. est de Chimay). Dans la nuit du 13 au 14, il se porte dans la région de Philippeville-Villers-le-Gambon. Le mouvement est entravé par les convois et se termine dans la matinée du 14.

Certains éléments (I/25) reçoivent l'ordre de pousser sur Rosée et les bois à l'est. Le bombardement aérien ennemi est intense de 6 heures à 17 heures; les pertes sont sensibles. Vers 13 heures, le Commandant de régiment précise que le régiment doit être ultérieurement engagé dans la région d'Anthée avec des formations de chars. Dans la nuit du 14 au 15, les éléments du 23ᵉ Tirailleurs se portent à la droite du 25ᵉ Régiment, mais des ordres de repli parviennent peu après aux unités : conséquence des ordres de la 9ᵉ Armée, fixant la ligne générale à tenir, sur laquelle la 4ᵉ Division Nord-Africaine a son créneau.

Le 15, la mise en place est à peine achevée, que les blindés ennemis s'infiltrent, particulièrement sur la route Dinant-Philippeville. Malgré le feu de la défense, ils poursuivent sur Philippeville, où ils surprendront le P. C. du 25ᵉ Régiment. La plupart des éléments demeurent cependant sur place jusqu'à 19 heures, heure à laquelle les mouvements de repli s'effectuent.

L'ennemi les serre de très près; en maints endroits, il a gagné les arrières. Des fractions du 25ᵉ se replient vers Sautour, s'efforcent d'éviter Roly tenu par l'ennemi et glissent sur Mariembourg, où, tout en livrant quelques combats, ils parviennent vers 2 heures du matin. Le 16, certains éléments du 23ᵉ Tirailleurs ont été rejetés vers Beaumont.

22ᵉ Division Au cours de la nuit du 14 au 15, le Lieutenant-Colonel commandant le 19ᵉ Régiment d'Infanterie a pu atteindre avec quelques fractions le bois de Philippeville. Vers 2 heures du matin, le P. C. de la division est à Forges-les-Bourlers (sud de Chimay).

Des efforts sont tentés pour organiser la défense de la trouée de Chimay.

Vers 14 heures, le général Hassler arrivant au P. C. reprend le commandement de la division; le général Béziers-Lafosse se porte à Baileux pour reprendre celui de l'infanterie divisionnaire. Là se trouve aussi le P. C. du 62ᵉ Régiment.

Dans la soirée, vers 17 h. 30, un groupe de l'artillerie divisionnaire traverse Baileux pour prendre position au sud du village, lorsque débouche brusquement des bois, à l'est, un parti important d'infanterie ennemie.

L'état-major de l'infanterie divisionnaire se replie sur Forges, puis, pensant qu'un arrêt serait ordonné sur la position d'Anor, le général Béziers-Lafosse part pour Mondrepuis. L'état-major de la division, de son côté, s'est installé à Wimy (ouest d'Hirson). Là, vers minuit, le général Hassler donne au général Béziers-Lafosse l'ordre d'aller organiser et commander la résistance en forêt domaniale de Saint-Michel. Tous les éléments recueillis de la 22ᵉ Division doivent être employés à cette mission. A Mondrepuis, se trouve déjà le Colonel commandant le 116ᵉ Régiment; les Colonels commandant le 19ᵉ et le 62ᵉ sont prévenus.

A minuit, le général Béziers-Lafosse quitte Wimy avec ordre de résister sur place dans la forêt. Le P. C. de l'infanterie divisionnaire est installé à Saint-Michel.

Cette relation succincte suffit à indiquer ce qu'ont pu faire les états-majors de la division, en cette journée du 15; elle gagne à être éclairée et complétée par ce que nous apprennent les rapports faits plus tard par les commandants d'unités subordonnées et qui montrent le désarroi d'une infanterie qui exécute un repli, au milieu de troupes blindées ennemies.

19ᵉ Régiment. — Le II/19 est parvenu, dans la nuit du 14 au 15, à se regrouper en partie dans les bois de Santour. Vers 10 heures, le 15, parvient un ordre de repli sur Mariembourg-Boussu-en-Fagne-Chimay. Le repli est serré de près par la progression ennemie.

« Les avions ne cessent de nous suivre, de nous bombarder et de nous mitrailler, dira le chef de bataillon. Nous passons par Couvin, où des colonnes de toutes sortes s'enchevêtrent : artilleurs, trains de combat, chenillettes, éléments motorisés de groupes de reconnaissance divisionnaire, auxquels se mêlent des bandes de civils affolés. Le désordre s'accentue, et nos hommes, dont la fatigue a dépassé tout ce qu'on pouvait imaginer, montent sur toutes les voitures qu'ils rencontrent, malgré leurs officiers qui essaient de réagir. Mais, comprenant que c'est encore la seule façon d'emmener une troupe complètement exténuée, je donne l'ordre de laisser faire, me réservant de récupérer mon monde à un endroit choisi, à quelques kilomètres en avant. Avec les motocyclistes du bataillon, je me rends à l'embranchement de la route de Virelles (entrée est de Chimay) pour y attendre tous les éléments du bataillon que je compte regrouper à cet endroit.

« À la sortie de Couvin, nous sommes pris à partie par des mitrailleuses ennemies. Des scènes d'horreur se produisent, des femmes, des enfants gisent sur le bord de la route, tués ou blessés, râlant dans les fossés. Des hommes de chez nous tombent aussi... Les avions viennent en nombre, mitraillent et bombardent à leur tour, aggravant la confusion. Partout des cadavres de chevaux gisent au sol et encombrent la chaussée.

« Je rencontre le colonel à qui je rends compte de ce qui se passe. Puis je me rends à l'embranchement du chemin de Virelles et j'attends là les éléments du bataillon. Aidé de quelques officiers, je fais descendre de voiture nos hommes à mesure de leur arrivée et les aiguille sur Virelles pour éviter Chimay bombardé. J'apprends en route que des éléments de queue du régiment n'ont pu sortir de Couvin. A Virelles, je réussis à regrouper une grande partie de la 7ᵉ, presque toute la compagnie d'accompagnement, et quelques isolés de la 5ᵉ. Un peu plus tard, arrive une grande partie de la 6ᵉ et le restant de la 7ᵉ. »

... Vers 19 heures, ce même bataillon reçoit l'ordre de se replier sur Hirson. A son passage à Chimay, une partie de ses éléments sont utilisés par le général d'Arras chargé, on se le rappelle, d'y organiser un barrage (voir plus haut, 18ᵉ Division). A 2 heures du matin, le 15, quand le Commandant du II/19 atteint la forêt de Macquenoise avec ses premiers éléments, il y trouve un officier d'état-major, qui lui transmet des instructions, pour stopper, faire reposer ses hommes, et se préparer à occuper, au jour, la ligne des blocs.

Les événements sont à peu près les mêmes au

III/19. D'autres relations sont caractéristiques du sort subi par les éléments dont le repli subit quelque retard.

116ᵉ RÉGIMENT. — Le Commandant du III/116 relate ainsi son mouvement : « J'entraîne, sous la pression de l'ennemi, les éléments qui me suivent vers les lisières de Doische (5 km. ouest de Givet). Doische, c'est le P. C. du régiment, et tranquillement j'y pénètre, vers 7 heures, espérant trouver la nouvelle ligne de défense. Au coude de la route, auprès de l'église, deux coups de canon à bout portant ! L'ennemi occupe fortement Doische... Nous marchons en direction de Gimnée, Romerée... L'ennemi les occupe avec des autos blindées. Je reprends la marche vers Matagne-la-Grande, les autos blindées l'occupent sous mes yeux. Matagne-la-Petite est occupée également. Il est 14 heures. Je décide d'attendre la nuit. Mais, vers 16 heures, le nettoyage des bois que nous occupons s'opère. Nous serons faits prisonniers... »

Peu différent est le sort d'une fraction importante du II/116.

« Nous suivons la route de Couvin... A peu de distance, nous sommes pris sous le feu de mitrailleuses. Nous sautons dans le fossé ; mais, à ce moment, arrive une auto-mitrailleuse qui nous crible de balles. Deux hommes tombent, puis les sergents Dubost et Monzille. Le commandant Charton reçoit une balle qui le tue net. Le lieutenant Dubois, qui se lève, est tué à son tour. Plus rien à faire, nous sommes pris... »

A droite de la 42ᵉ Demi-Brigade, la 52ᵉ a reçu à 9 heures, du Général de division, l'ordre de se replier sur la ligne Haudrecy (10 km. ouest de Charleville-Hardoncelle), première étape d'un repli général de la division sur la ligne Signy-l'Abbaye-Lépron-L'Echelle.

Commencé vers 10 h. 30, le repli se termine à 16 heures, serré de près par l'ennemi. Sur 2.600 hommes et 70 officiers, 500 hommes et une dizaine d'officiers parviennent à se dégager de la pression ennemie.

« A 17 heures, relate le Commandant de la demi-brigade, mon nouveau P. C. est installé à Saint-Marcel, après accord avec le Général de division, et je prends également le commandement des quelques éléments de la 42ᵉ Demi-Brigade (une centaine d'hommes) qui ont réussi à rejoindre la zone de regroupement de la division.

« J'étais en liaison avec mes bataillons, organisés face à l'est sur la ligne Sury-Belval-Haudrecy, et suivais l'avance des engins ennemis par divers renseignements qui me parvenaient, successivement : Tournes, Renwez, Rimogne, Neufmaison, Vaux, Villaine, Lépron, Logny-Bogny, Liart étaient occupés par l'ennemi avant 17 heures le 15 mai.

« Le colonel Marchal, commandant l'infanterie divisionnaire de la 102ᵉ, qui devait installer son P. C. à Clavy-Warby, arriva vers 17 h. 30... Aucune liaison avec le P. C. de la division à la ferme Valcontent.

« A 17 h. 15, alors que je me trouvais en lisière de Saint-Marcel, le village est brusquement occupé et cerné par des auto-mitrailleuses, sidecars et de l'infanterie portée. Une bataille s'ensuivit qui dura jusqu'à la tombée de la nuit... L'obscurité nous permet de nous dégager et de gagner Thin-le-Moutier à travers la forêt de Froidmont. Le village était vide, quelques cadavres de chevaux de spahis, quelques chars en panne indiquaient que l'ennemi avait déjà traversé la localité. Nous parvenons à Signy-l'Abbaye et retrouvons un chef de bataillon du 148° Régiment d'Infanterie et quelques éléments. Je pars avec lui pour retrouver le colonel Manceron commandant le 148° dont le P. C. devait être à La Sabotterie, mais la route de La Sabotterie est occupée par les Allemands à 2 km. de Signy... (1). »

AU 148° RÉGIMENT. — En fin de matinée, parvient l'ordre d'abandonner la position de la Meuse, pour se porter sur les hauteurs sud de Warnecourt et de Faguon, ce mouvement ne devant constituer qu'une première phase du rétablissement de la division sur la deuxième position, de Signy-l'Abbaye.

Vers 15 heures, tandis que s'installent les éléments du 148°, l'ennemi, ayant réussi à atteindre la route de Mézières-Launois, vers Rethel, par l'itinéraire Flize - Boulzicourt - Saint-Pierre-sur-Vence - Champigneul-sur-Vence - Mondigny, débouche des hauteurs de

---

(1) Le 16 au soir, le Commandant de la 42° Demi-Brigade parviendra à regagner les lignes. La zone de regroupement de la 102° D.I. lui sera indiquée. Il restera 1.200 hommes de la division.

Mondigny-Barbencroc, attaque avec chars en direction de La Hobette-Warnécourt, prenant la défense à revers. Les éléments du 148ᵉ qui tiennent Mondigny sont encerclés. A la tombée de la nuit, quelques groupes se replient et parviennent à Signy-l'Abbaye (1).

53ᵉ Division — Le 15 à 17 heures, le P. C. de la division est à Viel-Saint-Rémy. A 12 heures, la situation des unités est la suivante :

à l'ouest, le 329ᵉ Régiment d'Infanterie vers Jandin-Les-Poteries-Barbaise-Raillicourt ;

au centre, le 239ᵉ très appauvri vers la crête Brunet, au sud de Raillicourt ;

au sud, le 208ᵉ à La Bascule, la crête Mouton, les Hauts-Chemins (liaison avec le 152ᵉ Régiment d'Infanterie).

A 13 heures, l'attaque est générale sur tout le front. On se bat à Mazerny. La Bascule (3 km. sud-ouest de Poix-Terron), Villers-le-Tourneur.

A 19 heures, le P. C. de la division s'installe à Ecordal (6 km. nord d'Attigny). Les Corps de la 14ᵉ Division prennent le combat à leur compte... (2).

---

(1) 500 hommes environ du 148ᵉ se retrouveront finalement à Asfeld, le 16 dans l'après-midi.
(2) Le 16 mai, la 53ᵉ D. I. se portera dans la zone Pauvres-Courcy-Ceffincourt ; P. C. à Machaux. Le 19, elle se regroupera à Avize.

V. — *NUIT DU 14 AU 15 ET JOURNÉE DU 15;
ACTION DU COMMANDEMENT SUPÉRIEUR*

Au G. Q. G. — L'action du Commandement vise à fermer la brèche ouverte entre les 2º et 9º Armées. Le général Touchon a reçu mission de colmater le front, au mieux, sur la position : forêt de Saint-Michel-Rocroi; la ligne Rocroi-Liart; la deuxième position (Liart-Signy-l'Abbaye-Poix-Terron); et, au minimum sur le front, forêt de Saint-Michel, Aube, d'Aubenton à Liart, puis 2ª position.

Mais il ne dispose pratiquement que de la 14ª Division en cours d'arrivée, et des restes de la 9ª Armée qui sont dans la zone dont il a la charge; nous savons quelle est leur situation. Les autres grandes unités mises à sa disposition n'arriveront que progressivement, à partir du 16, et probablement gênées et ralenties par l'action de l'aviation ennemie sur nos communications.

D'autre part, des dispositions sont prises pour établir d'urgence un barrage, contre les reconnaissances blindées ennemies, en direction de l'Ouest, et couvrir, contre elles, la concentration des grandes unités qui arrivent. Dans ce but :

1°) Des ordres sont donnés par le ministre de la guerre aux Généraux commandant les 6ª et 2ª Régions

14-15 MAI. ACTION DU COMMANDEMENT SUPÉRIEUR

(Châlons et Amiens), pour préparer les destructions sur les coupures de la Marne, de l'Aisne et de l'Aire, du Canal du Nord et de l'Oise ; au gouverneur militaire de Paris pour organiser le barrage antichars sur la position de défense de la région de Paris entre Oise et Marne.

2°) Les 9ᵉ et 2ᵉ Armées reçoivent l'ordre de parer à tous mouvements débordants de partis ennemis, en faisant tenir tous les passages de l'Aisne et de l'Oise jusqu'à leur confluent (si possible même, le Canal de l'Ailette), et de préparer le nettoyage, à l'aide d'engins blindés, de la région entre Aisne et Oise.

Enfin, pour parer aux dangers d'une percée à l'ouest de Montmédy, qui nous couperait de la position fortifiée, une division de la 3ᵉ Armée est portée sur les hauts de Meuse, à l'ouest de Damvillers.

Au G.A.1. — C'est vers 3 heures du matin, le 15, que le général Billotte a su du Général commandant la 9ᵉ Armée l'intention où il était d'arrêter ses troupes sur notre position frontière.

Le Général commandant le Groupe d'Armées n° 1 a aussitôt prescrit de marquer un temps d'arrêt sur la ligne Marcinelle-Walcourt-Mariembourg-Rocroi-Signy-l'Abbaye et d'y installer les éléments disponibles de la 4ᵉ Division Nord-Africaine et des divisions légères de cavalerie. Cet ordre a été confirmé par l'ordre particulier n° 15 du 15 mai à 10 heures.

La décision était prise dès le 15 au matin de donner

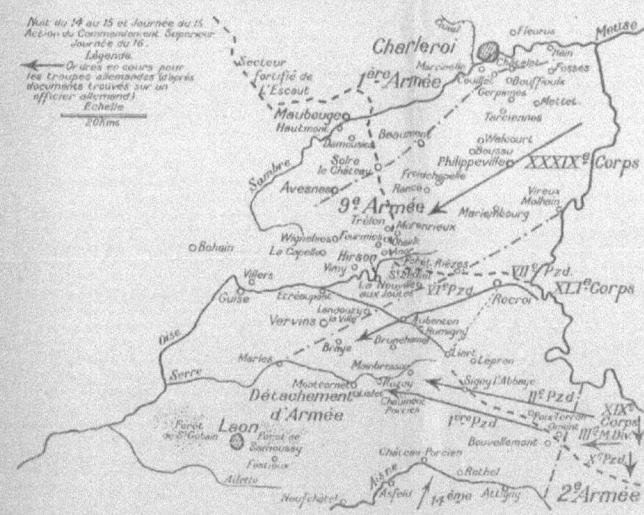

au général Giraud (1) le commandement de la 9ᵉ Armée (qu'il devait prendre le 15 à 16 heures), le général Corap étant affecté au commandement de la 7ᵉ Armée (le 17 à 0 heure).

Un certain nombre de dispositions ont été prescrites, d'autre part, en exécution de l'ordre du général Georges, créant le détachement d'armée Touchon.

La nouvelle limite entre la 9ᵉ Armée et le détachement d'armée est fixée à Vireux-Molhain, Rièzes, La Neuville-aux-Joûtes, Landouzy-la-Ville, Marle. La limite

(1) Le général Giraud commandait alors la 7ᵉ Armée, armée de gauche du Groupe d'Armées n° 1; elle opérait en Belgique, au nord de l'Armée britannique, et les événements amenaient à modifier sa mission.

entre la 1″ Armée et la 9° Armée est définie ainsi : Châtelet-Couillet-Beaumont-Avesnes.

Ordre a été donné à la 1″ Armée (n° 16 du 15 mai 10 heures) en se couvrant à droite sur la Sambre de s'aligner en premier lieu, si les circonstances le rendent nécessaire, sur la ligne Dyle-Court-Saint-Etienne (10 km. sud de Wavres) - cours de la Thile-Fleurus-Charleroi; et de se replier ultérieurement, et sur ordre, sur le Canal de Charleroi.

Les commandants des secteurs fortifiés de Lille, de l'Escaut, de Maubeuge, ont reçu ordre de mettre leurs secteurs en état de défense (1.073 D/3 9 heures). La 101° Division d'Infanterie de Forteresse a reçu ordre d'étendre son front au nord de la trouée d'Anor (1.072 D/3 à 9° Armée et 101° Division d'Infanterie de Forteresse 8 h. 50) en utilisant cinq nouveaux bataillons d'instruction, mis à sa disposition.

A 19 h. 30, le Groupe d'Armées reçoit du général Giraud une communication téléphonique résumant les nouvelles peu rassurantes qui lui sont parvenues dans l'après-midi : « Je n'ai pas de nouvelles du 11° Corps d'armée. La division Sancelme (4° Division Nord-Africaine) paraît avoir des éléments dans la région à l'ouest de Philippeville. Aucune nouvelle des 18° et 22° Divisions, qui paraissent désorganisées. La division Vauthier (61° Division) a abandonné Rocroi et se replie sur la 2° position. L'ennemi aurait atteint, avec une centaine de chars, Rumigny-Liart. J'ai donné l'ordre au général Martin de prendre le commandement de la résistance en territoire national. La 1″ Division Cuirassée a donné ce matin un coup de poing dans la région de Mettet. Elle doit en donner un autre dans la région de Philippeville, mais je n'ai reçu aucun renseignement. Mon impression est grave, surtout à ma droite en raison de la progression rapide des chars. »

A la même heure, un officier de liaison du G. A. 1 revient, rendant compte de sa mission : « J'ai vu à Rance le général Duffet et le général d'Arras. Ils n'ont plus rien et ne savent pas où se trouvent leurs troupes... », ce qui signifiait que les états-majors de ces grandes unités avaient toutes leurs transmissions et liaisons coupées avec leurs échelons subordonnés.

A LA 9ᵉ ARMÉE. — Ainsi qu'on l'a vu, le général Corap a appris, aux premières heures du 15, qu'il était remplacé dans son commandement par le Général Giraud, qui « seul pourra donner aux troupes le « choc » indispensable ».

Entre temps, les ordres ont été donnés par le général Corap pour organiser le repli des 2ᵉ et 11ᵉ Corps d'armée sur la ligne Charleroi-Walcourt-Mariembourg, ainsi que celui du 41ᵉ Corps d'armée. Des dispositions sont prises en accord avec le général Touchon pour colmater sur la 2ᵉ position : Omont-Poix-Terron-Liart.

« Au début de l'après-midi, relate le général Corap, le général Giraud m'apporte, de la part du Général commandant le Groupe d'Armées, un ordre, aux termes duquel il prend, ce jour, à 16 heures, le commandement de la 9ᵉ Armée et je prendrai le 17 à 0 heure, sur les bouches de l'Escaut, le commandement de la 7ᵉ Armée qu'il vient de quitter.

« ... Je passe le reste de la journée et la nuit du 15 au 16 à régler, en plein accord avec lui, les dispositions susceptibles d'améliorer la situation. Elles consistent surtout à ramener, sur leur position organisée en territoire national, les unités qui se replient, et à diriger, au plus vite, sur cette position les renforts annoncés.

« C'est tout ce que nous pouvons faire, et au moment où je me sépare de la 9ᵉ Armée, le 16 mai à 4 heures, j'ai le cœur angoissé parce que, bousculée et tournée comme elle l'est, je crains qu'elle ne puisse tenir... »

Dans les Corps d'armée. — Nous avons vu, au cours de l'étude de la 5ᵉ Division, l'action directement exercée par le Commandant du 2ᵉ Corps d'armée sur la seule division dont il dispose.

Autrement compliquée est celle du Commandant du 11ᵉ Corps d'armée. A Froidchapelle, aux premières heures du 15, le général Martin a reçu par téléphone les instructions du général Corap. Il a donné l'ordre de tenir partout, à tout prix, refusant même parfois d'indiquer des directions de retraite pour arrêter le mouvement de reflux des troupes. Dans l'après-midi, il parcourt le champ de bataille, cherche en vain à plusieurs reprises à atteindre par fil le général Corap. De Wignehies, il y parvient enfin et reçoit l'ordre de tout faire pour arrêter l'ennemi sur la position en territoire national.

« ...Hélas! remarque le général Martin, sur cette position, c'est le vide complet... (1). Aucune occupation, aucune troupe de recueil; la première préoccupation fut de faire ouvrir les portes des blocs par les représentants du génie...

« Je trouve heureusement autour de moi des ardeurs et des dévouements... Des officiers de mon état-major font occuper les blocs de la forêt de Trélon. Le général d'Arras et le général d'Humières assurent la même tâche en avant d'Ohain. Le général d'Humières fut tué vers Moranrieux, où je l'avais personnellement établi pour remplir sa mission. Le général Hassler fut conduit, par moi-même, dans la forêt de Saint-Michel où il devait récupérer des éléments de sa division. J'avais fixé mon P. C. à Ohain; il est, par ordre de l'Armée, porté sur Etréaupont. D'Etréaupont, je reprends contact avec le général Giraud et regagne dans la nuit mon P. C. de Wignehies. »

Au 41ᵉ Corps d'armée, la journée est des plus confuses, particulièrement après le décrochage des divisions.

---

(1) Cette affirmation n'est exacte qu'après la limite sud du secteur fortifié de Maubeuge, laquelle se trouvait aux environs de Liessies ; on a vu que ce même jour, à 8 h. 50, la 101ᵉ Division, qui occupait le secteur de Maubeuge, avait reçu l'ordre d'occuper la position frontière jusqu'à Anor, en utilisant cinq bataillons mis à sa disposition. Elle avait prévu cette mise en place pour le 16 au soir.

REPLI SUR LA POSITION FRONTIÈRE

Le Général commandant le corps d'armée relate ainsi les événements :

« Dans l'après-midi, le général Vauthier que j'ai convoqué me fait savoir que des éléments de sa division, entraînés par le reflux des réfugiés, lui paraissent difficiles à rattraper. J'apprends d'autre part que l'on ne peut plus passer à Liart et après avoir en vain tenté d'arrêter le flot des fuyards à Rumigny, je dois faire mettre un canon de 105 en batterie pour arrêter les blindés ennemis.

« Toutes communications étant coupées avec l'Armée, j'envoie un officier vers 16 h. 30 à Vervins pour avertir l'Armée des ordres donnés à mes divisions, en vue de tenir la ligne Aubenton-Signy-l'Abbaye, sans lui dissimuler que j'ai peu d'espoir d'arriver à faire tenir cette ligne, et que je reporte mon P. C. à Renneville (sud de Rozoy).

« Le général Vauthier se retrouve seul à Brunehamel; les Allemands tiennent la route de Liart à Rozoy, et je dois moi-même me porter à Braye (sud-est de Vervins), pour rester en liaison avec l'Armée, d'une part et le général Vauthier, d'autre part.

« A 20 h. 30, j'envoie mon chef d'état-major à Vervins aux ordres de l'Armée. Plus aucune nouvelle de la 102ᵉ Division.

« Le 16, dans la matinée, ayant réuni quelques fractions de mon quartier général, je recevais l'ordre de l'Armée, qui se transportait à Bohain, de replier mon P. C. à Villers-les-Guise. »

IV. — NUIT DU 14 AU 15 ET JOURNÉE DU 15 AU 41ᵉ CORPS D'ARMÉE

61ᵉ Division — Zone tranquille dans la 9ᵉ Armée en feu, la 61ᵉ Division est atteinte à son tour dans la nuit du 14 au 15 par le contagieux désarroi qu'entraîne avec elle la percée ennemie.

Pour la 61ᵉ Division qui, non attaquée, garde son front sur la Meuse, il va s'agir de s'aligner sur le retrait des divisions voisines, et conformément aux ordres de l'Armée. En quelques heures, ce retrait que l'ennemi devance partout, va se transformer en débâcle.

C'est en effet vers minuit, le 14, que le 41ᵉ Corps d'armée ayant reçu l'ordre de tenir la ligne la Forge-du-Prince-Rocroi-Tremblois-Signy-l'Abbaye, en avise les divisions. La 61ᵉ doit se replier sur la ligne Forge-du-Prince, coude de la route à l'est de l'Echelle. Les mouvements doivent commencer la nuit et se poursuivre dans la matinée du 15.

Vus de l'infanterie divisionnaire, les événements se déroulent de la façon suivante :

A 2 heures du matin, le Commandant de l'infanterie divisionnaire se déplace avec le P. C. de la division et s'installe au moulin Bouvier. Vers 8 heures, l'ensemble se porte à Auvillers-les-Forges (5 km. ouest de Maubert-Fontaine) d'où le Général commandant la division part, dans la matinée, pour aller voir les unités sur leurs positions de repli. Les officiers de liaison envoyés aux régiments reviennent et rendent compte des difficultés considérables que certaines unités ont rencontrées, du fait de l'affluence de nombreux éléments rejetés vers le sud par la division voisine de gauche.

A 17 heures, le général Vauthier transmet l'ordre à sa division de se porter dans la région Aubenton-Rumigny, les P. C. de l'infanterie divisionnaire et de la division devant s'installer à Brunehamel (entre Aubenton et Rozoy). Lesdits P. C. s'y trouvent vers 20 h. 30, mais Brunehamel étant attaqué par des engins blindés, l'infanterie divisionnaire prend la décision de les diriger sur Sains (18 km. ouest de Vervins). Le Commandant de l'infanterie divisionnaire a, depuis quelques heures, perdu la liaison avec le Commandant de la division (1) qu'on craint disparu, mais qui remettra la main sur son état-major à Aisonville (8 km. sud-est de Bohain), ainsi que sur quelques autres éléments.

Le Commandant de l'infanterie divisionnaire prend liaison à Vervins avec le P. C. de la 9ᵉ Armée. Il renouvellera cette liaison dans la journée du 16 à Bohain.

Cette vue rapide des événements est donnée à des-

---

(1) Le général Vauthier a été au P. C. du 41ᵉ C. A. dans l'après-midi du 15. Il recevra, le 16, l'ordre de regrouper les éléments restants de la D. I. dans la région de Sains-Richaumont.

sein pour souligner l'extrême difficulté d'une situation, que ceux mêmes qui l'apercevaient le plus clairement, ne parvenaient pas à redresser. Dans le désir de ne pas perdre une division, qui était encore intacte, le Commandement tente en vain de la dégager du tourbillon qui l'entoure. Le récit des opérations du 332ᵉ Régiment offre l'image saisissante de ces efforts impuissants.

Au 332ᵉ, dans la nuit du 14 au 15, le Lieutenant-Colonel commandant le régiment est appelé au téléphone par le général Vauthier qui lui donne l'ordre suivant : « Repli vers Maubert-Fontaine par le Val de Misère; ordre de marche : artillerie d'abord. »

Tout en préparant la transmission de l'ordre, mais ayant des doutes sur la voix entendue, le lieutenant-colonel rappelle le général Vauthier au téléphone, et reçoit confirmation du général, qui indique : « Etant donné la situation, faites très vite et bonne chance. »

Les ordres donnés sont reçus à 3 heures par la compagnie hors rang et les éléments arrière, à 4 heures par le 3ᵉ Bataillon, à 5 heures par les organisations sur les positions hautes, entre 5 h. 30 et 6 h. 30 par les éléments des bas de Meuse.

L'exécution est difficile, en raison de la dispersion des troupes. D'autre part, la nuit aggrave les difficultés. Du matériel est bloqué, on ne peut dégager les trépieds de certaines mitrailleuses, parce qu'ils sont maintenus par des madriers. Des mortiers ne peuvent être enlevés. Tous les mouvements s'effectuent sous

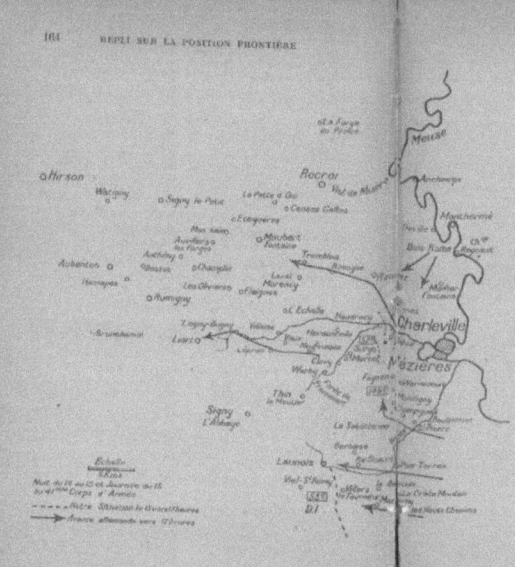

un feu qui va croissant, car l'ennemi, tôt alerté, va serrer de près les mouvements.

Pourtant, vers 8 h. 30, le contrôle des présents donnera :

au 1ᵉʳ Bataillon, deux tiers de l'effectif ;

au 2ᵉ Bataillon, trois quarts ;

le 3ᵉ Bataillon presque au complet.

Mais les hommes sont extrêmement fatigués. Le moral est très bas ; il va de l'abattement morne à l'excitation extrême. C'est le résultat du renversement brutal de la situation, de l'abandon de la position sans combat, de l'absence de la D. C. A. et de l'aviation française, du choc des bombardements, du flot des réfugiés civils noyant les troupes. Les officiers appartenant aux classes anciennes de la réserve, supportent moins bien les effets de la fatigue. L'armement ne comprend plus que des armes portatives avec peu de munitions.

A 10 heures, arrive l'ordre de faire un barrage, parallèlement à la route nationale 5, et face à l'est, par des bouchons entre les Censes-Corbineaux, (sud de Rocroi) et Laval-Morency (sud de Tremblois), en liaison au nord avec le 265ᵉ Régiment d'Infanterie, au sud avec le 248ᵉ Régiment d'Infanterie. La mission est de résister sur place ; toutefois un axe de repli est prévu : celui d'Eteignères-Signy-le-Petit.

Les trois bataillons sont mis en ligne; le 1ᵉʳ au sud, le 2ᵉ au centre, le 3ᵉ au nord.

Les unités s'installent, péniblement, les liaisons sont précaires. L'action de l'aviation ennemie augmente le désarroi.

Vers 19 heures, parvient l'ordre de repli sur l'axe Eteignères-Signy-le-Petit. Des infiltrations ennemies sont signalées en maints endroits. Le P. C. du régiment se replie sur Eteignères, où se trouvent déjà des éléments ennemis. Il pousse sur Signy, puis sur Watigny, des groupes allemands étant signalés à Signy; il gagne Hirson, puis Vervins. Par les chemins encombrés, toute recherche de liaison avec l'infanterie divisionnaire demeure vaine. Toutefois, le lendemain 16, le général Vauthier parviendra à faire à Sains un premier regroupement.

Pour avoir une idée plus précise encore de la situation, suivons de plus près le 2ᵉ Bataillon (bataillon centre du 337ᵉ Régiment).

C'est à 21 h. 30 que le 2ᵉ Bataillon reçoit l'ordre de se replier sur Eteignères.

Lisons la relation de cette opération, telle que l'a faite le chef de bataillon :

« A la nuit tombante, je tente de porter mes éléments en direction d'Eteignères, par les Censes-

Gallois, La Patte-d'Oie, la route nationale 377 (21 h. 30 - 22 h. 45). Le village des Censes-Gallois est désert, le carrefour de La Patte-d'Oie n'est pas occupé.

« A 22 h. 45, nous arrivons à Eteignères, où nous trouvons le Capitaine commandant la 10ᵉ Compagnie et quelques hommes. Le capitaine est isolé et n'a pas reçu d'ordres. Eteignères a subi des dégâts par le bombardement, deux maisons brûlent, le village est désert.

« 23 h. 15. Arrivée à Mon-Idée. La gare est en flammes, des wagons brûlent, nous ne trouvons personne. Je décide de pousser jusqu'à Auvillers-les-Forges, où se trouvait le P. C. de la 61ᵉ Division.

« 24 heures. Auvillers est vide. Le P. C. n'est plus là; je donne l'ordre de reprendre la marche vers Rumigny, où je parviendrai vers 4 heures du matin avec environ deux cents hommes. »

Voici les mêmes heures vécues par le 3ᵉ Bataillon :

« 21 heures. Je quitte Maubert vers Hirson. Sur cette route, à 3 km. de Maubert-Fontaine, je rejoins cinq cents à six cents hommes à nous, désarmés par des colonnes ennemies (1) venues de la direction d'Hirson et reparties dans cette direction. Je décide de prendre la direction du sud à travers champs.

« A 2 heures, j'arrive à Flaignes-les-Oliviers, où, à 5 heures, avec quelques officiers du 265ᵉ et du 248ᵉ Régiments, je regroupe environ quatre cents

---

(1) Les engins blindés faisaient entasser les armes, et les écrasaient.

hommes de ma division. Des renseignements qui me parviennent des isolés errants me font savoir que des colonnes blindées ont dépassé Liart le 15 mai dans la soirée; une seule chance s'offre à nous : franchir les colonnes. Je décide de marcher sur Hirson en suivant l'itinéraire Champlin - Anthény - Bossus - Hannappes - Aubenton-Hirson... (1). »

102ᵉ Division de Forteresse A 3 h. 30 le 15, l'attaque reprend sur le front de la 42ᵉ Demi-Brigade. L'aviation allemande déferle sur le bois Roma, sur les quartiers de Braux, Château-Regnault et Deville. Les Allemands attaquent en force sur la route de Monthermé. La défense reflue... Cette fois, la progression de l'ennemi s'accompagne de l'action des chars. Le combat se poursuit pourtant, malgré la débandade de certains éléments, jusqu'à 9 h. 15, heure à laquelle de nombreux engins blindés débouchent de l'arrière, les uns venant de Charleville, les autres de Meillier-Fontaine. C'est, maintenant, la fin. Le Lieutenant-Colonel commandant la demi-brigade est fait prisonnier vers 11 heures du matin. Il nous dira plus tard que l'officier allemand qui l'interrogea dans l'après-midi avait, devant lui, une carte au 1/50.000ᵉ sur laquelle se trouvait reporté, parfaitement à jour, tout le système de défense : « Rien n'y manquait : P. C., blocs, tourelles, réseaux, observatoires... »

---

(1) Attaqué le 16, à 18 h. 30, vers Hannappes, par les blindés ennemis, le détachement sera capturé.

14-15 MAI. ACTION DU COMMANDEMENT SUPÉRIEUR 181

AU DÉTACHEMENT D'ARMÉE. — C'est dans l'après-midi du 14 mai que le général Touchon a reçu directement du général Georges l'ordre suivant :

1°) Le général d'armée Touchon est mis temporairement à la disposition du général Huntziger pour rétablir la situation à la soudure des 2° et 9° Armées.

2°) Il aura notamment pour mission de coordonner l'action des grandes unités disposées à la jonction des 9° et 2° Armées.

A 16 heures, le général Touchon a vu à Senne le Commandant de la 2° Armée; il est à Rethel vers 19 heures. Dans la matinée du 15, le général Touchon (ordre 92 du G. Q. G.) reçoit mission de prendre le commandement d'un détachement d'Armée, dans la zone comprise entre la limite actuelle de la 9° Armée avec la 2° et la nouvelle limite droite de la 9°, qui, rappelons-le, est la ligne générale Vireux-Molhain-Rièzes - La Neuville-aux-Joûtes - Landouzy-la-Ville-Marle. Il dispose du 23° Corps d'armée, de la 14° Division, de la 2° Division Cuirassée, des groupes de bataillons d'instruction, et des troupes de la 9° Armée, engagés dans sa zone. A 14 heures, le général Touchon rejoint Château-Porcien, où il établit son P. C. et donne ses ordres. Le plan général est de « tenir coûte que coûte, au nord de l'Aisne, sur la ligne actuellement occupée, au sud de Rocroi, par la 61° Division prolongée au sud par la ligne Lépron-Les Vallées-Signy-l'Abbaye-Poix-Terron-Bouvellemont. »

Des missions sont dévolues aux Corps d'armée. A 15 heures, le général part pour Rumigny où lui est signalé le P. C. du 41ᵉ Corps d'armée. Il trouve le cantonnement vide. Sur le chemin du retour, vers Rozoy-sur-Serre, il essuie le feu de mitrailleuses. Ce sont des voitures blindées ennemies qui, venues par la route Liart-Mainbresson, atteignent Rozoy-sur-Serre. Le général parvient à rejoindre Château-Porcien vers 18 heures. Il y reçoit du général de Lattre un rapport résumant la situation de la 14ᵉ Division dont les éléments commencent à arriver et rend compte au G. Q. G. de la situation. Vers 19 h. 40, s'annoncent les premiers débarquements de la 44ᵉ Division.

Mais, dans la soirée, de nombreux renseignements confirment que l'ennemi a déjà dépassé la ligne sur laquelle il avait été décidé de résister. Il ne peut plus être question de s'y rétablir, sans avoir réuni les forces qui le permettraient. Le général Touchon se résoud à tenir d'abord l'Aisne en aval d'Attigny, où se fera une liaison solide avec la 36ᵉ Division qui occupe le cours de la rivière en amont.

Plus à l'ouest, il est amené également et pour les mêmes raisons à envisager l'abandon du massif de Festieux, de Laon et de la forêt de Saint-Gobain, et l'occupation en force de l'Ailette. Le général replie son P. C. sur Hermonville (15 km. nord-ouest de Reims). Des éléments sont laissés sur l'Aisne de Château-Porcien et d'Asfeld pour tenir les passages.

VI. — *JOURNÉE DU 16 MAI*

Le 16, dans toute la partie gauche de la 9ᵉ Armée, la lutte se déplace, et atteint notre position frontière. Dans la partie droite, l'ennemi, qui trouve le champ libre, gagne plus aisément du terrain. Nous amenons de nouvelles troupes sur tout ce front, car les unités des 2ᵉ, 11ᵉ et 41ᵉ Corps, dont nous venons de suivre le combat et la retraite, sont désormais hors d'état de fournir une résistance efficace; leurs restes dispersés et trop affaiblis viennent se fondre dans la ligne qui se reconstitue, ou s'effacer derrière elle; on les regroupera bientôt dans des unités de nouvelle formation. Quelques éléments épargnés par le combat s'accolent à des unités de la 1ʳᵉ Armée, et se retrouveront sur les chemins de Dunkerque.

Ce même jour 16, notre Haut Commandement prescrit et prépare des contre-attaques puissantes, convergeant sur la région de Vervins, dans le but d'arrêter la progression ennemie vers l'ouest, et de couvrir ainsi l'arrivée de nos réserves que tous les courants de transports ferroviaires et routiers amènent à la bataille; les destructions que font les bombardements de l'aviation ennemie ne produisent encore que de faibles retards dans l'ensemble de nos mouvements.

AU 2ᵉ CORPS D'ARMÉE

5ᵉ Division — Le 16 avant le lever du jour, le dispositif défensif est en place sur la ligne : Sambre-forêt-de-Ham-Fosses-Mettet.

Vers 6 heures, le Général commandant la division reçoit l'ordre 6/P du Commandant du 2ᵉ Corps d'armée prescrivant un nouveau mouvement. En raison du repli de la 1ʳᵉ Armée, plus ample qu'il n'était prévu, ordre est donné de refouler les éléments lourds vers l'ouest. Les troupes en ligne doivent rester sur place jusqu'à midi. La ligne Oret-Biesme doit être barrée, ainsi que la vallée au sud du Châtelet. A partir de midi, les troupes effectueront un retrait qui les portera :

le groupement sud, dans la région Gerpinnes-Tarciennes;

le groupement nord, dans la région de Bouffioulx.

L'artillerie, la cavalerie et les chars doivent protéger le repli.

A 7 heures, l'ennemi a pénétré dans Fosses, rejetant notre infanterie vers Vitrival. Vers 8 heures, une contre-attaque de chars du groupement de liaison de la 1ʳᵉ Armée, suivis d'éléments d'infanterie, réoccupe Fosses.

En fin de matinée s'effectue le repli prescrit par le 2ᵉ Corps (1). Le P. C. de la 5ᵉ Division se transporte

---

(1) C'est là que prend place la défense du Bois-l'Abbé près de Saint-Gérard par l'escadron du capitaine de Saint-Sernin du

JOURNÉE DU 16 MAI

à Couillet (sud de Charleroi). Il y reçoit la visite d'un officier belge vers 13 heures; il vient du fort de Saint-Héribert, certifie que les forts de Namur tiennent toujours, et demande de l'infanterie pour tenir les intervalles. Il est mis au courant de la situation.

A partir de ce moment, c'est la retraite pour rejoindre et dépasser la position fortifiée de Maubeuge qui est tenue par la 101ᵉ Division.

AU 11ᵉ CORPS

18ᵉ Division — Le 16, dans les premières heures du jour, des éléments de la 18ᵉ Division tiennent encore à Rance et dans Walcourt. On organise Beaumont et Solre-Saint-Géry.

Des comptes rendus d'observateurs signalent qu'à 9 h. 15 une colonne ennemie en marche vers l'ouest a sa tête à Boussu. Vers 11 heures, les Allemands sont signalés au nord de Beaumont, qui est à peu près encerclé vers midi. A 12 h. 45, des ordres de repli sont donnés par la division; le général se dirige sur Solre, puis prend liaison peu après, par téléphone, avec les P. C. de la 101ᵉ Division (Colonel commandant le 84ᵉ, dont le P. C. est à Damousies, général Béjard, commandant la division, dont le P. C. est à Haut-

---

8ᵉ Dragons, et la mort héroïque de cet officier racontée par M. Rémен dans son ouvrage déjà cité : *Gestes français*.

mont). Vers 20 h. 30, la division reçoit de la 9ᵉ Armée l'ordre de se regrouper à Clairfontaine (6 km. est de La Capelle) (1).

A la 22ᵉ Division Durant la nuit, de nombreux éléments avaient été ralliés dans la forêt de Saint-Michel. Aux premières heures du 16, le général Béziers-Lafosse y organise son commandement et le général Hassler parcourt la position au cours de la matinée. De nombreux isolés se présentent constamment au P. C. de l'infanterie divisionnaire, à Saint-Michel, et y demandent des ordres pour aller au combat; ils sont aussitôt répartis sur la ligne de défense.

Deux groupes du 18ᵉ Régiment d'Artillerie Divisionnaire reçoivent des missions de tir. A 16 heures, le général Béziers-Lafosse place le P. C. de l'infanterie divisionnaire avec celui du Lieutenant-Colonel commandant le 62ᵉ Régiment d'Infanterie, dans une casemate inachevée de la ligne d'arrêt, où viennent également le Lieutenant-Colonel commandant le 18ᵉ Régiment d'Artillerie Divisionnaire et le Commandant d'un des bataillons du 116ᵉ Régiment d'Infanterie.

---

(1) Clairfontaine sera aux mains de l'ennemi avant que le regroupement puisse être effectué. Il ne restera plus, le 17 au matin, que des morceaux épars qui se battront isolément et connaîtront des fortunes diverses, avant que les éléments récupérés (3.000 h.) soient rassemblés fin mai au camp de La Courtine pour constituer la 17ᵉ Division Légère d'Infanterie.

Ainsi se constitue une défense qui, par les efforts de tous, prend quelque cohésion. Voici le tableau saisissant que fait le chef de bataillon, commandant le II/19, qui vient de recevoir le commandement d'une partie du front (quinze blockhaus, sur environ cinq kilomètres) : « Ces blocs aux immenses créneaux, sans portes, sans aménagements, sont inachevés. Je dispose d'une cinquantaine d'hommes exténués et affamés... On m'envoie des éléments récupérés : ce sont des détachements repliés des 116e, 62e, 125e Régiments d'Infanterie, 25e Tirailleurs, 5e Marocains, artilleurs, pionniers, même deux Sénégalais. On me signale que plusieurs armes automatiques, dans les casemates, sont inutilisables et semblent avoir été sabotées. »

Cependant, tout le monde se met en ordre et se prépare à tenir bon. Il en est de même dans les blocs de la Passe d'Anor, dont les éléments de la 22e Division continuent à assurer l'occupation. Tous les défenseurs y feront leur devoir; la résistance y sera énergique. Nous citerons le magnifique exemple de la casemate n° 3, dont treize sur vingt occupants furent tués ou blessés à leur poste de combat.

AU 41e CORPS

Ainsi que nous l'avons vu, les restes des 61e et 102e Divisions se trouvaient parmi les éléments donnés au détachement d'Armée et qu'il s'efforça d'utiliser.

DÉTACHEMENT D'ARMÉE
(FUTURE 6ᵉ ARMÉE)

Au détachement d'Armée, le 16 au matin, la situation est complexe. La 14ᵉ Division tient les passages de l'Aisne, d'Attigny à Neufchâtel. Les éléments qui ont combattu le 15 au nord de l'Aisne se replient en direction de Rethel. Des éléments motorisés du 23ᵉ Corps d'armée, poussés sur l'Aisne, tiennent les passages jusqu'à Berry-au-Bac.

Plus au nord, la 3ᵉ Division Légère de Cavalerie a porté des découvertes sur Montcornet et barre la direction de Laon.

Enfin la 4ᵉ Division Cuirassée (général de Gaulle) se rassemble dans la région sud de la forêt de Samoussy, couverte par des « bouchons antichars » mis en place sur la voie ferrée Laon-Neufchâtel.

En arrière de ce rideau, des grandes unités commencent à arriver.

Cependant le G. Q. G., tout en mesurant la gravité de la situation, espère un rétablissement au nord de l'Aisne. On lit dans l'ordre n° 14 du 16 mai : « Il importe d'enrayer au plus tôt toute exploitation et d'interdire à l'ennemi la direction générale Givet-Paris. A cet effet, s'accrochant solidement à la région d'Anvers d'une part, au môle de Montmédy d'autre part, faire tous les efforts pour se rétablir sur la ligne générale Anvers-Charleroi-la Sambre - la face est du saillant de Maubeuge - Anor, puis la 2ᵉ position jalonnée par les hauteurs de Liart-Signy-l'Abbaye-Omont-Mont-Dieu-Dieulet - bretelle d'Inor. »

Dans cet ensemble, le détachement d'Armée Touchon doit barrer la direction Rocroi-Laon et assurer la liaison avec la 2ᵉ Armée en s'efforçant de rentrer en possession des hauteurs de Signy-l'Abbaye-Omont.

Quant à l'ennemi, chaque heure qui passe dévoile un peu plus son intention de foncer vers l'ouest. Un colonel allemand grièvement blessé et fait prisonnier à Rethel par la 14ᵉ Division porte sur lui une carte indiquant toute la manœuvre ennemie qui est dirigée vers la mer et non vers Paris. Seule la Xᵉ Panzerdivision attaque la 2ᵉ Armée dans la région de Raucourt. Les Iʳᵉ et IIᵉ Panzerdivisionen, suivies par la IIIᵉ Motorisée, partant de la région d'Omont, se dirigent vers l'ouest essayant de gagner les passages de l'Oise. Les VIᵉ et VIIIᵉ Panzerdivisionen, débouchant entre Rocroi et Mézières, poussent en direction de Vervins. Derrière les Panzer, suivent des divisions motorisées et des divisions hippomobiles.

Pris au milieu de ces attaques, les débris des divisions de l'ex-aile droite de la 9ᵉ Armée et de l'aile gauche de la 2ᵉ Armée s'efforcent de gagner l'Aisne et de combattre encore, même en désordre. Quelques éléments peuvent être incorporés dans le nouveau dispositif. Mais le reste n'est composé que d'isolés, plus ou moins perdus, qui sont dirigés sur l'arrière, en vue de leur regroupement.

Les ordres du G. Q. G. vont tenter de faire face à cette aggravation de la situation.

À la suite des événements survenus le 16 mai dans la région de Mézières, une exploitation ennemie à base d'engins mécaniques semble en cours entre l'Aisne et l'Oise. Il s'agit de l'enrayer au plus tôt, en s'efforçant de rétablir la continuité du front entre la trouée d'Anor et le Canal de la Bar.

À cet effet, s'appuyant sur les lignes de barrage antichars organisées l'une sur l'Aisne d'Attigny-Rethel-Château-Porcien, l'autre sur l'Oise d'Hirson à Guise, il est prescrit de nettoyer, d'abord, par une opération menée à base d'engins mécaniques, la région comprise entre l'Oise et l'Aisne de Château-Porcien; puis de profiter de cette opération de nettoyage pour s'efforcer de déboucher au nord de l'Aisne d'Attigny, de Rethel, et de Château-Porcien.

En tout état de cause, on s'opposera à toute extension latérale de la poussée ennemie, en tenant les passages de l'Aisne et de l'Oise, jusqu'à leur confluent, et si possible le Canal de l'Oise à l'Aisne.

L'ordre particulier 98 fixe les modalités de cette contre-attaque qui doit avoir lieu le 17 au matin, en débouchant simultanément, du nord et du sud, dans la région comprise entre la voie ferrée Hirson-Liart et les alentours de Chaumont-Porcien; cette contre-attaque doit être menée par les 1ʳᵉ et 2ᵉ Divisions

Cuirassées renforcées d'escadrons de chars Somua, et par le groupement de Gaulle. Or, nous avons vu que la 1re Division Cuirassée a consommé dans la journée du 15 la presque totalité de ses moyens de combat; dans la désorganisation totale des liaisons, causée surtout par l'aviation ennemie, cette situation n'est connue ni de la 9e Armée, ni du G. A. 1, ni du G. Q. G. Quant à la 2e Division Cuirassée, la plus grande partie de ses chars assurent sur un très grand front la défense des ponts de l'Oise et de la Sambre. C'est donc en réalité le seul groupement de Gaulle qui se trouvera en mesure de produire l'effort attendu.

Il mènera énergiquement cette action.

Il ne dispose cependant que de moyens restreints : un bataillon mixte de chars D 2 et B 1; un bataillon incomplet de chars H 35, un groupe de 75; le 4e Bataillon de Chasseurs.

Déclenchée à 4 h. 30, l'attaque de la 4e Division Cuirassée progressera dans de bonnes conditions, et atteindra avant midi Lislet et Montcornet, où elle se heurtera à une défense antichars ennemie solide, tandis que l'aviation ennemie exercera de violentes réactions sur l'attaque. La 4e Division Cuirassée occupera la région du sud de la Serre tout l'après-midi et se repliera le soir en bon ordre pour venir se regrouper derrière le canal d'assèchement dans la région de Festieux. Son action aura donné aux divisions de la 6e Armée un répit appréciable pour leur établissement sur l'Aisne, en même temps qu'elle aura gêné et ralenti, dans une certaine mesure, la marche des

Panzer vers l'ouest. Le général Touchon profitera de ce répit pour développer hâtivement la défense de l'Aisne et établir, en meilleure situation, les six divisions dont il va disposer, et qui vont progressivement arriver, savoir, d'est en ouest, 14e, 10e, 42e, 44e, 28e, 87e et les 23e et 17e Corps d'armée, coiffant chacun trois divisions.

CHAPITRE V

LA DÉFENSE DE NOTRE POSITION FRONTIÈRE

I. — *SITUATION PRÉVUE POUR LE 17 AU MATIN*

Le 16, à 13 h. 50, le G. Q. G. recevait une communication téléphonique du général Giraud, où il faisait le tableau de la situation, telle qu'elle lui apparaissait à ce moment. Son poste de commandement était à Bohain, mais il avait établi un poste avancé à Leschelles (entre La Capelle et Guise); la 9ᵉ Armée tenait la position fortifiée Trélon-Anor et les lisières sud de la forêt de Saint-Michel. Il y a ensuite, disait-il, un « trou ». Il annonçait l'engagement heureux d'un bataillon de chars B, à Montcornet, d'où il l'avait fait revenir sur Vervins (1). Croyant la 1ʳᵉ Division Cui-

---

(1) D'après les renseignements de la 9ᵉ Armée, une grosse colonne allemande paraissait orientée sur Laon. Voir plus loin, paragraphe VII.

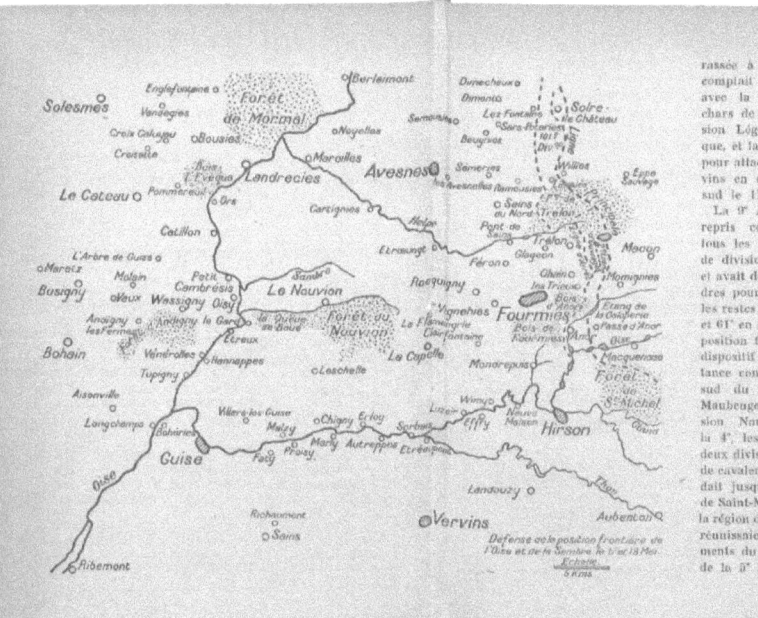

rassée à Avesnes, il comptait l'employer avec la brigade de chars de la 1ʳᵉ Division Légère Mécanique, et la 9ᵉ Division, pour attaquer de Vervins en direction du sud le 17 au matin.

La 9ᵉ Armée avait repris contact avec tous les états-majors de division, sauf un, et avait donné des ordres pour rassembler les restes des 18ᵉ, 22ᵉ et 61ᵉ en arrière de la position frontière. Le dispositif de résistance comprenait, au sud du secteur de Maubeuge, la 1ʳᵉ Division Nord-Africaine, la 4ᵉ, les restes des deux divisions légères de cavalerie, et s'étendait jusqu'à la forêt de Saint-Michel. Dans la région d'Avesnes, se réunissaient les éléments du 2ᵉ Corps et de la 5ᵉ Division.

Un peu plus tard, en fin de journée, dans son compte rendu au G. A. 1, la 9ᵉ Armée précisait que l'ennemi avait fait deux attaques dans la trouée de Trélon, l'une à midi, sur mille cinq cents mètres, sans résultat, l'autre, beaucoup plus forte, à 16 heures, sur six kilomètres où nous avions perdu deux ou trois casemates. Elle signalait des infiltrations dans la Passe d'Anor, et plus au sud, la perte probable de Vervins.

C'était, à très peu près, la réalité, et l'ordre donné par l'Armée dans la nuit du 16 au 17 (daté du 17 à 3 heures), qui s'appliquait aux journées des 17 et 18 mai, prévoyait trois lignes successives de défense, d'abord celle qu'on estimait posséder, savoir : l'Oise, de Guise à Hirson, et à partir de la forêt Saint-Michel, la position fortifiée d'Anor à Trélon inclus. Si on ne pouvait s'y tenir, la ligne suivante était marquée par les débouchés est de la forêt du Nouvion et Avesnes. Enfin, dernière ligne qui ne devait pas être atteinte avant le 19 au matin, l'ensemble de l'Oise et la Sambre, jalonné par Ribemont, Etreux, Landrecies.

Le Commandement était organisé territorialement. Trois secteurs : celui de droite, à l'ouest de la route Etréaupont (1)-Avesnes, où toutes les troupes étaient placées sous les ordres du Général commandant la 9ᵉ Division, dont le P. C. était fixé à Etreux. Celui du centre à l'est de la même route, sous les ordres du Commandant du 11ᵉ Corps, avec mission de colmater les passages de l'Oise supérieure entre Etréaupont et

---

(1) 10 km. sud de La Capelle : l'armée était orientée face au sud-est.

Hirson (P. C. fixé à Cartignies). Celui de gauche, sous les ordres du Commandant du 2ᵉ Corps, tenant le front Avesnes-Solre-le-Château, avec P. C. à Berlaimont.

Enfin les 1ʳᵉ et 2ᵉ Divisions Cuirassées conservées sous les ordres directs de l'Armée recevaient des points de rassemblement : Landrecies et Wassigny.

Cet ordre net et simple coordonnait et confirmait des instructions déjà données au cours de la journée du 16. Bien avant qu'il ait atteint ses premiers destinataires, il était périmé.

Quelle était devenue la situation des autorités auxquelles s'adressait cet ordre le 17 au matin (à l'heure où il aurait dû leur parvenir) et qu'étaient devenus les moyens dont on pouvait alors disposer? Le récit des événements de la nuit du 16 au 17 va le faire connaître.

※

II. — RAID ALLEMAND DANS LA NUIT DU 16 AU 17

Le 16, vers la tombée du jour, un détachement allemand, venant de l'est, comprenant au moins une trentaine de véhicules blindés, réussit à traverser la position fortifiée dans la région au sud de Solre (1).

---

(1) Ce passage a été précédé d'une attaque faite vers 20 h. 15 et qui a permis aux Allemands de prendre les blocs compris entre le bloc du Trieux-du-Cheneau et celui de la ferme du Fil-de-Fer (compte rendu provenant du secteur fortifié de Maubeuge, et transmis au G. A. 1 par la 1ʳᵉ Armée à 21 h. 45).

Il atteint vers 22 heures la route de Solre à Avesnes et se porte sur Avesnes, mêlé à la cohue des civils qui refluent. Il traverse, sans trop les inquiéter, les cantonnements d'éléments regroupés de la 18ᵉ Division à Lez Fontaine, et à Sars-Poteries, et cueille, dans le désordre de la surprise, un groupe d'artillerie (appartenant à la 1ʳᵉ Division Cuirassée) et qui était au bivouac, le long même de la route, près de Semousies. Vers minuit, il stationne à l'entrée d'Avesnes, tous feux éteints, s'empare des officiers isolés qui passent, fait le tour de la localité par l'ouest jusqu'à la route de Landrecies et finit par entrer dans Avesnes avec beaucoup de feux et de vacarme, comme s'il venait de Landrecies. Personne ne résiste, mais l'alarme est semée dans tous les éléments de la localité, dont beaucoup fuient du côté du sud, c'est-à-dire vers Etrœungt et Le Nouvion, tandis que d'autres reçoivent des ordres de repli vers le nord.

Après avoir ainsi mis le désordre dans Avesnes, ce même détachement fait demi-tour, reprend la route de Landrecies, traverse Maroilles et, à 5 h. 15 du matin, pénètre dans Landrecies, où l'avait précédé d'un quart d'heure le bombardement de trente avions. Nos postes « bousculés » n'arrêtent pas les blindés allemands, dont les équipages courent tout droit chez le commandant du cantonnement qu'ils font prisonnier. Les Allemands vont au pont de la Sambre, s'installent aux issues de Landrecies et stoppent, sauf quelques reconnaissances poussées dans tous les

RAID ALLEMAND - 16 AU 17 MAI

sens (1). Ils avaient rapidement fait cette besogne. Ajoutons qu'en cours de route, peu après 1 heure du matin, ils avaient également mis à mal une partie d'un groupe lourd du 254ᵉ (artillerie de la 1ʳᵉ Division Nord-Africaine) qui, venant de la forêt de Mormal, rejoignait Trélon en passant par Avesnes.

Cette irruption et toute la répercussion qu'elle eut par les rapports des fuyards, devaient avoir une bonne part dans le désordre qui s'établit au sud de la Sambre, dans la matinée du 17.

Cependant, derrière ce passage du détachement allemand qu'aucun gros ne suit, nos mouvements reprennent et durant presque toute la journée, il y a, entre La Capelle, Avesnes, Le Nouvion, un va-et-vient d'unités françaises. C'est ainsi qu'une batterie du 54ᵉ (2) provenant d'Aulnoye, où elle a passé la Sambre dans la nuit du 16 au 17, se rend par Avesnes à Etrœungt et, par la forêt du Nouvion, rejoint l'Oise à Etreux; vers midi elle occupera, en antichars, les

---

(1) Telles furent une reconnaissance embusquée dans la matinée près de la route du Cateau à Englefontaine; une autre, qui fait des prisonniers à Locquignol vers 11 heures; un poste laissé à Maroilles y arrête, à 7 h. 30, une ambulance chirurgicale légère; un autre poste se trouve, le 17 au matin, près de la croisée des grand-routes (4 km. au nord d'Avesnes).

(2) 2ᵉ Batterie du 54ᵉ. Cette batterie gardera, avec l'escadron à cheval du 91ᵉ G.R.D.I., le pont d'Oisy (4 km. est de Wassigny) dans les journées des 17, 18 et 19; le pont ne saute que le 19 au soir, et c'est le 20 seulement qu'a lieu l'attaque allemande. La batterie se replie avec des éléments du 13ᵉ d'Infanterie sur Wassigny, où se place sa dernière défense, le 21.

ponts d'Etreux et d'Oisy, et recevra des ordres directs de la 9ᵉ Armée. De même la compagnie hippomobile du train de la 4ᵉ Division Légère de Cavalerie qui est allée d'Avesnes à La Capelle, avant minuit, stationne à La Capelle le 17 au matin. De même encore la compagnie de sapeurs de réserve générale 174/3 qui stationnait à Sars-Poteries (5 km. ouest de Solre-le-Château), va, par Dimechaux, à Hautmont, au cours de la journée. La compagnie auto du train de la 1ʳᵉ Division d'Infanterie Nord-Africaine arrive de la région de Fourmies, le 17 vers 2 heures du matin, à Semeries (7 km. est d'Avesnes) où elle cherche vainement le P. C. de sa division. Elle s'en va dans la matinée à La Capelle et de là, cherchant à rejoindre Guise, par le sud de l'Oise, se fait prendre à Faty (7 km. est de Guise), par un barrage allemand, installé face au nord. Tout ce qui précède montre (1) que les forces allemandes, qui s'étaient emparées de Vervins le 16 dans l'après-midi, avaient porté leurs avant-gardes vers l'ouest, et n'avaient pas poussé de détachements importants sur le flanc droit, en direction de La Capelle et du Nouvion.

---

(1) Notons encore que le général Dunoyer, commandant l'infanterie de la 5ᵉ Division, qui se porte le 17 dans la matinée sur Avesnes venant de Maubeuge, parvient jusqu'au carrefour de Dourlers, y regroupe des isolés, avec lesquels il rejoint Berlaimont vers midi. Un prisonnier fait sur un char ennemi abattu précise qu'il a passé la Meuse à Dinant, le 14 ; un autre prisonnier fait près d'Avesnes déclare qu'il ne s'y trouve qu'une vingtaine de véhicules blindés.

C'est cependant sur des bruits répandus, à la suite de la progression des Allemands le 16 dans l'après-midi au sud de l'Oise, que tout le dispositif que la 9ᵉ Armée préparait, allait s'effondrer. Le raid allemand sur Avesnes et Landrecies donna corps à ces fausses nouvelles; il allait avoir une action plus directe et plus fâcheuse sur l'entrée en ligne de la 9ᵉ Division.

III. — *LA 9ᵉ DIVISION*

Elle faisait partie, le 10 mai, de la 7ᵉ Armée; ses avant-gardes avaient atteint, dès le 10, la région de Turnhout, et la division s'était rassemblée près d'Anvers. Le 15 mai, elle reçoit l'ordre d'embarquer, et quitte la 7ᵉ Armée et le 16ᵉ Corps. C'est une division motorisée, dont les éléments combattants sont enlevés en automobile.

Le départ rencontre des difficultés de transport ; les routes sont encombrées. La tête de colonne de la 9ᵉ Division se trouve à Cambrai le 16, vers 10 h. 30. L'échelonnement de la division sur la route représente environ vingt-quatre heures de marche.

C'est dans cette matinée, que l'ordre suivant du général Billotte est remis à la 9ᵉ Division :

1°) La 9ᵉ Division a mission d'aller tenir immédiatement face au sud de l'Oise entre Guise et Hirson inclus.

2°) Les éléments de la 9ᵉ Division qui n'ont pas encore dépassé Valenciennes feront mouvement sur Valenciennes-Landrecies-Le Nouvion.

3°) La 9ᵉ Division est aux ordres du général Giraud dont le P. C. est à Vervins.

Cet ordre reçu par la 9ᵉ Division ne donne aucun renseignement sur la situation générale. Et le général Didelet s'étonne à juste titre de l'énoncé de cette mission face au sud alors que le P. C. de l'Armée est à Vervins.

Quoi qu'il en soit, à tous ceux qu'il peut atteindre le général Didelet signale qu'il se porte sur Le Cateau. D'autre part il dirige en couverture sur l'Oise son groupe de reconnaissance, sa batterie antichars et un groupe de 75.

Malgré leur fatigue, ces éléments sont en place à la tombée de la nuit (le 16).

En outre le général Didelet porte à la sortie sud du Nouvion, en fin de journée, le bataillon I/13.

Dans la soirée du 16, le général Didelet reçoit l'ordre de la 9ᵉ Armée :

1°) De ne placer sur l'Oise face au sud que des éléments légers.

2°) De rassembler ses gros, en dispositif articulé, dans la forêt du Nouvion.

3°) De se rendre le 17 à 8 heures au P. C. du général Giraud à Leschelles pour y recevoir de nouveaux ordres.

Aucune autre nouvelle ne lui parvient dans la nuit,

si ce n'est que l'ennemi a pu forcer un point de passage de l'Oise dans la région Marly-Sorbais.

Que s'était-il passé sur l'Oise?

Le 2e Groupe de Reconnaissance Divisionnaire, qui appartenait à la 9e Division, était arrivé le 16 à 13 heures au Catcau, où le général Didelet l'avait fait venir, s'y étant installé lui-même dès 11 heures. Ce groupe de reconnaissance était à peu près au complet, sauf son escadron de chars, dont on était sans nouvelles. Il reçoit aussitôt l'ordre d'aller occuper, au plus vite, le cours de l'Oise, face au sud, entre Guise (inclus) et Hirson (inclus). Il expédie, à 14 h. 30, sept détachements destinés à former sept centres de résistance, placés aux différents points de passage de l'Oise, savoir : Guise, Malzy-Proisy, Chigny-Marly-Erloy, Autreppes, Etréaupont, Wimy-Neuve-Maison et Hirson. Les effectifs de ces centres dont certains comprenaient plusieurs ponts, étaient évidemment faibles, mais la plupart avaient, ou un canon antichars, ou des auto-mitrailleuses. Ils devaient être renforcés par des canons de 75 et de 47 de la division, dès que ceux-ci arriveraient.

Ces détachements se mirent effectivement en place dans la soirée du 16. Mais les instructions qui leur avaient été données, n'étaient pas de résister sur les ponts, jusqu'au bout, et leur indiquaient un regroupement ultérieur, en sorte que leur résistance fut courte, ou même qu'ils se replièrent, spontanément, sans avoir été ni attaqués ni relevés.

C'est ainsi que le détachement de Guise, qui avait

tenu, avec l'aide efficace de six chars B 1, les accès sud et est de la ville, au cours de la nuit, s'en va sous la protection des mêmes chars, le 17 à 7 h. 45, en direction du pont de Longchamps sur l'Oise canalisée, mais ne s'y arrête pas, et file à Bohain, où le maintient un ordre du Chef d'État-Major de la 9ᵉ Armée. De même au pont de Chigny, le centre de résistance se bat entre 16 et 18 heures, en détruisant des chars ennemis, puis jugeant qu'il est menacé d'encerclement, revient d'une traite au point de rassemblement à vingt kilomètres de là, au nord-est de la forêt du Nouvion, et, peu après, rejoint Le Cateau. A Hirson, il y a mélange avec la 1ʳᵉ Division Légère de Cavalerie, puis, les éléments de celle-ci s'étant repliés, le détachement en fait autant le 17 à 8 h. 30 du matin et se retire tout droit sur Le Cateau. La relation faite par le chef d'un groupe de combat placé à la garde d'un pont barricadé, à l'ouest d'Hirson, est caractéristique; il arrête l'ennemi le 16, entre 18 et 21 heures, passe la nuit sans être inquiété; réattaqué le 17 à 4 heures, il part pour Le Cateau. En cours de route, il constate au passage qu'un régiment d'infanterie français s'installe dans la forêt du Nouvion; sur observations qui lui sont faites par un officier d'état-major, il revient sur ses pas, à La Capelle, qu'il évacue bientôt pour arriver au Cateau violemment bombardé, et rejoindre Saint-Quentin. Dans le même temps, d'ailleurs, tout le groupe de reconnaissance divisionnaire plus ou moins regroupé partait pour le bois d'Anneux, à l'ouest de Cambrai. Il était 10 heures du matin et toutes ces initiatives prises dans le désir d'obéir aux ordres, avaient abouti à faire disparaître, du moins momentanément, dans ce secteur de droite de la 9ᵉ Armée, même la couverture par le renseignement!

Quand le général Didelet part du Cateau de bonne heure le 17, pour aller au P.C. de la 9ᵉ Armée, qu'il cherche à Bohain, et rejoint à Wassigny vers 8 heures, il n'apporte aucun renseignement précis sur l'ennemi, ni sur sa division, toujours en cours de route et dont il ne sait pas encore qu'une partie est déjà débarquée au nord de Landrecies.

IV. — *LE 11ᵉ CORPS ET LA 1ʳᵉ DIVISION NORD-AFRICAINE*

Le général Martin, qui commandait le 11ᵉ Corps, et devait, d'après l'ordre de la 9ᵉ Armée, diriger la résistance à l'est de la route d'Etréaupont à Avesnes, allait disposer dans cette zone d'une grande unité intacte, la 1ʳᵉ Division Nord-Africaine. Celle-ci devait normalement prendre place dans le dispositif, au sud de la 101ᵉ Division de Forteresse, qui occupait le secteur fortifié de Maubeuge et se trouvait installée. Cette division de forteresse avait son sous-secteur de droite (un bataillon du 84ᵉ, P.C. Ramousies) qui s'étendait jusqu'au nord de Trélon.

Dès le 15 au matin, le général Béjard, qui commandait le secteur fortifié de Maubeuge et la 101ᵉ Division, jugeant que sa droite n'était pas protégée, avait essayé, comme il en avait l'ordre, de constituer un groupement de deux bataillons d'instruction, pour occuper les ouvrages de la trouée de Trélon et de la Passe d'Anor. Ces bataillons, le 16 au soir, n'avaient pas rejoint Fourmies, où ils devaient se regrouper.

Par contre, la 1ʳᵉ Division Nord-Africaine (1) arrivait. Réserve de Grand Quartier Général, elle avait reçu, le 12, dans la région de La Ferté-Milon, où elle stationnait, l'ordre d'embarquement, qui la portait dans la région de Valenciennes à la disposition du G. A. 1. Le général Billotte, dès le 15 au matin, la donnait à la 9ᵉ Armée et décidait de la mettre en place par transports automobiles. A ce moment, elle commençait ses débarquements, et son chef, le général Tarrit, qui faisait des reconnaissances pour un emploi éventuel sur la position à l'est de Valenciennes, mit de ce fait quelque retard à orienter sa grande unité vers le sud. C'est au début de l'après-midi seulement que les moyens de transport déjà à pied d'œuvre sont utilisés, et que l'ordre du général Billotte est confirmé : tenir une partie de la ligne de résistance en territoire national, à la disposition de la 9ᵉ Armée.

---

(1) 1ʳᵉ D. I. N. A., commandée par le général Tarrit; elle comprend les 27ᵉ Régiment de Tirailleurs Algériens, 28ᵉ Régiment de Tirailleurs Tunisiens, 5ᵉ Régiment de Tirailleurs Marocains; 91ᵉ Groupe de Reconnaissance Divisionnaire ; 54ᵉ et 254ᵉ Régiments d'Artillerie.

Le 15, vers 15 heures, le général Tarrit se présente au général Corap qui lui fixe une zone de débarquement au sud-ouest d'Avesnes.

A 16 heures, le général Giraud complète ainsi ces prescriptions : occuper immédiatement avec les éléments débarqués les blocs de la trouée de Trélon qui ne sont pas gardés.

La limite nord est l'ouvrage de Grammont (liaison avec la 101ᵉ Division).

La limite sud est l'étang de La Galoperie au nord de la trouée d'Anor. En tout, dix-huit kilomètres.

Il faut noter qu'à l'heure où ceci est décidé, la 1ʳᵉ Division Nord-Africaine est dispersée et que le seul Groupe de Reconnaissance Divisionnaire 91 pourra arriver dans la nuit.

A 19 heures, le Général commandant la division donne son ordre : six bataillons en premier échelon, un régiment en second échelon dans la région de Glageon. Les bataillons se placeront au fur et à mesure de leur arrivée sous la couverture du groupe de reconnaissance divisionnaire.

Le Général commandant l'infanterie divisionnaire se porte vers minuit à Wignehies. Il y rencontre, dans la deuxième partie de la nuit, le général Martin qui vient d'arriver. La 1ʳᵉ Division Nord-Africaine est à la disposition du 11ᵉ Corps d'armée.

Aux premières heures du 16, des éléments de la division prennent position. Liaison est prise vers le nord avec les éléments de la 101ᵉ Division, loin vers le sud, avec des éléments du 151ᵉ Régiment de forteresse, à hauteur du bloc des Anorelles vers la Passe d'Anor; il est alors 6 heures du matin.

A cette heure se trouvent en place, à Trélon, deux bataillons du 28ᵉ Régiment de Tirailleurs Tunisiens (I/28 et II/28). Le colonel Trabila a le commandement du sous-secteur nord. Le groupe de reconnaissance divisionnaire tient le reste (de la route Momignies-Ohain à l'étang de La Galoperie).

La fortification de la trouée de Trélon se composait de trois lignes successives de blocs, avec obstacles antichars le long des lignes. C'étaient des blocs à deux embrasures latérales, ayant une forte épaisseur de béton et pouvant contenir un canon antichars et une mitrailleuse, avec leurs équipages. Leur occupation par le 28ᵉ Régiment de Tirailleurs Tunisiens eut quelque retard, du fait qu'on en chercha les clefs, qui furent bientôt trouvées au service du génie de Trélon; le 16 au matin, tout était occupé au mieux. Boyaux et communications enterrés manquaient, ainsi que les cuirassements des créneaux. Enfin, comme appui d'artillerie, étaient arrivées deux batteries de 75 et une batterie de 155.

A midi, les Allemands font une première attaque, sur un front d'environ cinq cents mètres de part et d'autre de la route Chimay-Macon-Trélon avec appui d'artillerie, auto-mitrailleuses, chars moyens, infanterie amenée par voitures blindées. Cette attaque échoue complètement; l'ennemi a plusieurs chars détruits par notre 155, et des pertes sérieuses d'infanterie.

Ces actions se passent, mêlées au reflux de nos troupes battant en retraite, et des populations civiles qui fuient. On lit dans les relations faites par les défenseurs : « Les éléments en retraite du 11ᵉ Corps traversent sans arrêt les lignes. De nombreux blessés, appartenant à des corps venant de Belgique, sont soignés au poste de secours du 28ᵉ Tirailleurs. Ce défilé continuera jusqu'au soir. » Et plus loin : « L'ennemi, pour se couvrir, abuse des réfugiés. Les chars sont recouverts de couvertures et de matelas et s'intercalent dans les voitures civiles. Vers 16 h. 30, deux officiers du groupe de reconnaissance divisionnaire dont les allées et venues des réfugiés ont attiré l'attention, se portent en reconnaissance l'un au nord, l'autre au sud de Momignies. Ils sont abattus tous les deux, par des porteurs de mitraillettes, habillés en civil. »

C'est à 16 h. 30 que l'attaque allemande recommence, précédée, depuis 15 heures, par des bombardements d'aviation sur les villages et les parcs de voitures. C'est une violente poussée sur tout le front de la trouée de Trélon, particulièrement du côté du groupe de reconnaissance divisionnaire. L'attaque y est menée par des chars lourds et de l'artillerie blindée venant se placer à courte portée des blocs qu'elle essaie de frapper aux embrasures. Dans le quartier du groupe de reconnaissance divisionnaire, deux blocs sont détruits; en même temps l'ennemi s'infiltre au sud de l'étang de La Galoperie, ce qui semble avoir entraîné un repli sur Anor du 151ᵉ, abandonnant les deux ouvrages des Anorelles.

A 17 h. 30, l'attaque redouble sur trois directions venant d'Eppe-Sauvage, Chimay, Momignies. L'ennemi s'infiltre vers Ohain. Des blocs sont pris, malgré une vive résistance.

Vers 20 h. 45, arrive le premier bataillon du 5ᵉ Régiment de Tirailleurs Marocains; il a débarqué dans l'après-midi vers Glageon et a été dirigé sur Ohain. Le Colonel du 5ᵉ est présent. Ce bataillon rétablit la situation à Ohain.

Le deuxième bataillon du 5ᵉ Régiment de Tirailleurs Marocains arrive par la suite et est poussé vers Anorbois d'Anor.

Dans les premières heures de la nuit, le 1ᵉʳ Bataillon du 27ᵉ, qui a rencontré quelques éléments infiltrés par Ohain, s'est installé entre Féron et Glageon.

En définitive, quand tombe la nuit, le 16, les Allemands, s'ils ont légèrement entamé la position de résistance dans la trouée de Trélon, et la Passe d'Anor, ont été énergiquement contenus. La situation n'est, en rien, compromise.

Cependant tout va se trouver modifié au cours de la nuit. Par une suite de circonstances malheureuses, la porte va s'ouvrir toute grande aux divisions cuirassées allemandes, contre la volonté de la 9ᵉ Armée. Voici les péripéties de ce drame.

V. — *ORDRE DE REPLI DU 11e CORPS*

Le 16, vers 10 heures, le général Giraud était venu à Wignehies, P. C. du 11e Corps. Il y avait vu le général Martin, s'était fait expliquer les mesures prises et les avait approuvées. Ce dispositif comportait : la 1re Division Nord-Africaine, P. C. Fourmies, défendant le secteur de Trélon; la 4e Division Nord-Africaine, P. C. Mondrepuis, défendant le secteur d'Anor; la 22e Division, P. C. Wimy, défendant le secteur de la forêt de Saint-Michel. Là, la liaison devait être prise avec la 1re Division Légère de Cavalerie (général d'Arras) formant un crochet défensif au sud d'Hirson, face au sud-est entre Le Thon et Le Gland, conformément aux ordres de l'Armée. Le général Martin, très préoccupé par sa droite, complète sa couverture de ce côté, en plaçant son groupe de reconnaissance de Corps d'armée sur l'Oise, entre Hirson et Etréaupont. Il se propose même de renforcer, s'il le peut, cette couverture, par les restes de la 18e Division, à qui il fait donner comme lieu de regroupement Clairfontaine (à 5 km. à l'est de La Capelle).

Des indications que le Commandant de l'Armée lui avait données, sur la manœuvre qu'il projetait, voici ce que le général Martin dit avoir retenu; pressée par l'ennemi, la 9e Armée refuserait son aile droite, de façon à ne jamais découvrir la 1⁰ Armée, et à pouvoir contre-attaquer du nord au sud, avec la division cuirassée dont elle allait disposer, les colonnes allemandes s'avançant de Mézières sur Marle.

Le général Giraud n'avait pas caché l'inquiétude qu'il avait sur ce qui se passait à son aile droite « en pleine décomposition », aurait-il ajouté, d'après les souvenirs du général Martin.

Nous savons, en effet, l'intention bien arrêtée qu'avait au cours de la journée du 16, le général Giraud, qui l'avait manifestée dans son compte rendu adressé à 13 h. 50 au G. Q. G. après accord avec le général Billotte : contre-attaquer le 17, en direction du sud de Vervins, avec tout ce qu'il aurait de chars de combat, et la 9⁰ Division.

Le général Martin paraît avoir conclu de cette conversation qu'il lui incombait essentiellement de couvrir la droite de la 101⁰ Division, en faisant un crochet défensif face au sud-est, s'il le fallait. Il reçut dans l'après-midi des comptes rendus de son groupe de reconnaissance de Corps d'armée, sur les attaques des ponts de l'Oise. Vers 22 heures, il fut prévenu que l'ennemi passait l'Oise avec des blindés nombreux (sans que l'origine de ce renseignement soit précisée). Peu après, le général Tarrit lui téléphona de Fourmies lui disant quelle était sa situation, qu'il comptait contre-attaquer au jour et se battre sur la position dans sa zone, mais que dans celle de la 4⁰ Division Nord-Africaine les troupes arrivaient exténuées et sans matériel. C'est alors que le général Martin prend

ORDRE DE REPLI DU 11ᵉ CORPS

l'initiative d'un repli : « J'estime, dit-il, que j'ai, en l'absence d'un ordre de l'Armée, une grave détermination à prendre, et je dois la prendre sur-le-champ, car j'ai encore le général Tarrit au téléphone, et un officier de la 4ᵉ Division Nord-Africaine auprès de moi. Les mouvements auront ainsi le temps de se faire de nuit. Situation angoissante, je crois qu'il est grand temps de faire face au sud-est. » D'où les prescriptions immédiates qui suivent : pour la 1ʳᵉ Division Nord-Africaine, se placer sur la ligne Trélon-Glageon, tout en restant toujours en liaison avec la droite du 84ᵉ (101ᵉ Division); pour la 4ᵉ Division Nord-Africaine, aller dans la région de la forêt du Nouvion pour prolonger, face au sud-est, le nouveau front de la 1ʳᵉ Division Nord-Africaine; pour la 18ᵉ Division et les éléments non endivisionnés, se replier. Après quoi le général Martin donna rendez-vous au général Tarrit à Pont-de-Sains, dans la nuit. Il était alors 22 heures.

Vers minuit, le général Martin quitte Wignehies, passant par Etrœungt; un embouteillage l'y arrête; il y reste quelques heures de la nuit, après avoir envoyé un compte rendu des décisions prises au P. C. de l'Armée, à Leschelles.

Au matin, il se rend par Les Avesnelles à Avesnes qui a l'apparence d'une ville déserte, y aperçoit des camions en feu et des auto-mitrailleuses allemandes, file sur Le Nouvion, sans y trouver trace du Q. G. de la 4ᵉ Division Nord-Africaine, puis sur Wassigny, où vient d'arriver le général Giraud, à qui il confirme son précédent compte rendu. Evidemment, la situation de départ n'était plus celle qu'avait envisagée l'Armée dans son ordre, du 17 matin, et le général Giraud lui donne de nouveaux ordres.

Qu'étaient devenues les divisions actionnées par le 11ᵉ Corps? Au cours de la nuit du 16 au 17, la 1ʳᵉ Division Nord-Africaine va se trouver coupée en nombreux tronçons. Son chef, le général Tarrit, après avoir bien fait préciser au téléphone par le général Martin qu'il s'agissait d'un repli, essaie de donner des ordres au colonel Jacob, qui, à Anor, a pris la direction du sous-secteur sud. N'y parvenant pas, il fait téléphoner au colonel Trabila : « Le 28ᵉ Régiment de Tirailleurs Tunisiens préparera le repli des trois bataillons en ligne (I et II du 28ᵉ, I du 5ᵉ Régiment de Tirailleurs Marocains), sur la lisière sud de la forêt de Trélon, qu'il occupera face au sud pour protéger le flanc de la 101ᵉ Division, et faciliter le repli des divisions du 11ᵉ Corps. Ordre à communiquer au colonel Jacob. Direction générale du repli : Trélon-Ramousies, où le général commandant la division doit installer son P. C. »

Des ordres directs furent aussi donnés au second bataillon du 5ᵉ, qui était en marche sur Anor, pour qu'il se repliât sur Pont-de-Sains et au premier bataillon du 27ᵉ, que l'on savait à Glageon, pour se porter à l'ouest de Glageon, à la lisière de la forêt. Les motocyclistes porteurs de ces ordres furent pris dans des encombrements, et les remirent très tard, au cours de la journée du 17.

Pendant que ces cinq bataillons en restaient à l'exécution des premiers ordres qu'ils avaient reçus, d'autres éléments d'infanterie en camions continuaient à rejoindre Fourmies arrivant, par Avesnes et Sains-du-Nord, de la région de Valenciennes où les débarquements se poursuivaient. L'artillerie de la division, qui était regroupée dans la forêt de Mormal, devait, elle aussi, essayer de rejoindre Glageon, dans la nuit, sans que l'ordre donné de ne pas dépasser la route Avesnes-La Capelle ait pu la toucher. Dans le sens opposé, le Q. G. et les services de la division remontaient de Rocquigny sur Sains-du-Nord et Semeries, et le groupe de reconnaissance divisionnaire, après relève, de Trélon sur Ramousies. A ces mouvements s'ajoute le repli d'éléments du 11° Corps, et notamment d'artillerie lourde. Il n'est pas surprenant que le général Tarrit, essayant d'aller à Pont-de-Sains, n'ait pu y parvenir, se soit rejeté sur la route d'Etrœungt, ait traversé ce bourg sans y rencontrer le général Martin, alors qu'il y était, et constatant vers 2 heures du matin la présence de l'ennemi à Avesnes, se soit porté sur Landrecies par Cartignies.

4° Division Nord-Africaine Les éléments qui refluaient de Belgique, avaient atteint le 16 dans la journée la position fortifiée de Trélon. Regroupés par le général de division et l'état-major, ils sont portés dans la nuit vers la Passe d'Anor, dont ce qui reste du 25° Régiment de Tirailleurs Algériens occupe la ligne d'arrêt : secteur bien connu de la division, qui y était installée avant le 10 mai. Le 17 au matin, c'est à la lisière même d'Anor qu'on se défendra, et les dernières pièces de canon qui restent de l'artillerie divisionnaire (6ᵉ Groupe du 233ᵉ) sont en batterie près de Wignehies. Le général Sancelme a reporté son P. C. de Mondrepuis à La Capelle.

22ᵉ Division Le 16 mai, des éléments regroupés de la 22ᵉ Division (300 hommes environ) tiennent deux points d'appui à la Passe d'Anor et à Macquenoise. Le 11ᵉ Corps, connaissant cette situation, prescrit à la 4ᵉ Division Nord-Africaine de prendre à son compte cette défense. La 4ᵉ Division Nord-Africaine, dont le P. C. s'installe d'abord à Mondrepuis, dit ne pouvoir envoyer que 200 hommes; il ne semble pas que la relève ait été faite.

Le P. C. de la 22ᵉ Division fonctionne à Wimy, le 16 au soir, et s'emploie à utiliser les éléments de toutes armes et de toute origine qui y affluent.

Pendant ce temps, le général Béziers-Lafosse, qui commande l'infanterie de la 22ᵉ et a autour de lui les commandants de régiment, est dans la forêt de Saint-Michel, dont il fait occuper les ouvrages. La nuit s'y passe sans incident, les reconnaissances en forêt montrent qu'il n'y a personne sur la lisière est.

1re Division Légère de Cavalerie La 1re Division Légère de Cavalerie, qui, le 15, avait organisé des points d'appui à Ranee, Eppe-Sauvage et Chimay, se regroupe le 16, à l'ouest d'Hirson, dans la région Wimy-Luzoir. Le 16, à 16 heures, des éléments ennemis sont signalés vers Hirson; le général d'Arras fait porter des auto-mitrailleuses et des pelotons du 5e Dragons Portés sur Hirson. Contact est pris, d'autre part, avec les chars ennemis, à Landouzy (10 km. au sud d'Hirson); au même moment, d'autres blindés allemands sont signalés à proximité d'Effry (ouest d'Hirson). C'est dans la nuit, le 17 à 1 heure, que le général d'Arras donne ordre à ses unités (1er Régiment d'Auto-Mitrailleuses, 5e Régiment de Dragons Portés) de se porter vers La Capelle, puis vers Avesnes. La présence des Allemands étant signalée à Avesnes, nouvel ordre est donné d'aller sur Le Nouvion-Le Cateau. Certains éléments sont aiguillés sur Guise-Saint-Quentin.

Ainsi s'est trouvée abandonnée toute défense du cours supérieur de l'Oise. Les ordres pour constituer cette partie essentielle de notre dispositif n'avaient pas manqué. Dès le 16, à 1 h. 45, le G.A. 1 avait prescrit à la 2e Région la garde des ponts de l'Oise entre Guise et Hirson, face au sud-est. Sur un ordre donné par le G.Q.G., le 16 à 9 h. 25, le G.A. 1 avait prescrit que la 9e Division viendrait tenir les passages de l'Oise entre Guise et Hirson, face au sud-

218   DÉFENSE DE LA POSITION FRONTIÈRE

est ». La 9ᵉ Armée avait prévu et tenté tout ce qui lui était possible pour réaliser, en temps utile, cette résistance. Il ne fallait que quelques circonstances heureuses pour gagner les heures de répit qui auraient pu rendre à notre Commandement sa liberté d'action. Nous ne les eûmes pas.

※

VI. — RETRAITE ET DISPERSION DU 2ᵉ CORPS (5ᵉ DIVISION) [1]

Le 16, à 13 heures, le 2ᵉ Corps et la 5ᵉ Division sont encore en Belgique. Au P. C. de la 5ᵉ Division qui est à Couillet, faubourg sud de Charleroi, le général Bouffet, qui est venu voir le général Boucher, lui précise qu'il a reçu deux ordres successifs.

1°) Dans l'après-midi du 15 mai, un officier de l'état-major de la 9ᵉ Armée a transmis verbalement l'ordre de tenir sur la ligne Sambre-Fosses-Mettet jusqu'au 16 à midi. Le général Giraud compte sur le succès de cette manœuvre.

2°) Le 15 à 22 h. 30, est arrivé au P. C. du 2ᵉ Corps, à Sart-Eustache (10 km. à l'ouest de Fosses), un ordre écrit de la 9ᵉ Armée prescrivant le repli du 2ᵉ Corps dans la journée (ou la matinée) du 16 sur la région

---

[1] Voir p. 140.

RETRAITE ET DISPERSION DU 2° CORPS

d'Avesnes, où il doit être placé en réserve d'armée. L'officier de l'état-major du 2° Corps qui a reçu cet ordre, n'a pu le montrer au général Bouffet qu'en fin de matinée.

Jusqu'ici, et surtout pour ne pas découvrir le 5° Corps d'armée, c'est-à-dire la droite de la 1re Armée, c'est le premier ordre qui a été exécuté.

Mais, dans l'après-midi du 16, le général Bouffet donne verbalement des ordres au général Boucher pour le repli à effectuer dans la nuit du 16 au 17 sur Avesnes. Il annonce une confirmation, qui sera écrite dès son retour au P. C. de Bultia.

Cet ordre écrit ne parviendra jamais, car le P. C. de Bultia sera anéanti par un violent bombardement aérien (général Bouffet tué avec la plupart de ses officiers).

Cependant, en exécution des ordres verbaux du général Bouffet, le général Boucher donne le 16 mai, à 17 heures, l'ordre de repli sur Avesnes.

Le 16 à 21 heures, la situation de la 5° Division s'établit ainsi :

1°) Une partie des troupes s'est trouvée mise à la disposition du 11° Corps d'armée.

2°) Il reste : le 1er Groupe de Reconnaissance; le 8° Régiment d'Infanterie (le colonel et deux chefs de bataillon ont été tués); le Bataillon II/8 a recueilli les restes du I/8, le III/8 a peu de pertes; le 129° Régiment d'Infanterie (le colonel a été tué); deux bataillons sont réunis en un seul, le troisième est en meilleur état.

L'artillerie a conservé une partie importante de son matériel.

Le décrochage s'effectue le 16, à 21 h. 30, sans difficulté pour l'infanterie et les formations d'artillerie. Mais la cavalerie, quand elle part le 17 vers 2 heures, est plus ou moins mélangée aux colonnes allemandes. L'itinéraire principalement utilisé paraît avoir été la route au sud de la Sambre : Thuin-Biercée-La Buissière. Le passage par La Buissière devait, en effet, rester le plus longtemps intact.

Au delà de la Sambre, une grande confusion règne sur les itinéraires : « A la nuit, raconte un officier du 129°, nous recevons l'ordre d'aller franchir la Sambre à Thuin. Il faut faire vite et arriver avant que les ponts ne soient détruits. Les hommes sont harassés, quelques chars qui les dépassent les transportent de l'autre côté de la rivière.

« Derrière la Sambre, nous apprenons que le régiment se regroupe à Avesnes et par la rive nord de la Sambre, nous marchons vers cette ville au milieu d'une cohue invraisemblable.

« Aidés par les chars, nous atteignons Maubeuge. Jusqu'à cette ville nous n'avons rencontré aucune unité française, même pour nous recueillir à hauteur des fortifications qui sont inoccupées (1) ou inoccupables, soit qu'elles soient fermées ou n'offrent aucun ravitaillement en munitions ou en vivres. A l'entrée

---

(1) Les fortifications étaient occupées, et cet officier ne l'a pas vu.

d'Avesnes, nous sommes arrêtés net. Bloqués vers le sud, nous remontons vers Valenciennes. »

De ce désordre, la 5ᵉ Division sortira volatilisée. L'état-major lui-même est quelque peu dispersé. Le général Boucher, qui essaye de redescendre sur Landrecies par Maubeuge et Saint-Rémy, est arrêté à Noyelles, car les engins blindés ennemis tiennent Maroilles. Dans l'impossibilité de rejoindre le sud, un fort mouvement s'effectue en direction de Bavai-Jenlain. Liaison est prise par le général Boucher à Valenciennes avec la 1ʳᵉ Armée. Il reçoit l'ordre de stopper ce qu'il a de troupes avec lui dans la région de Jenlain, de tenir la Sambre avec sa division, de Pont-sur-Sambre à Marpent (est de Maubeuge) inclus. Son P. C. est fixé à Riez-d'Erelle (nord de Feignies). Des recherches effectuées pour réunir les éléments de la division, l'infanterie vers Jeumont, d'autres éléments vers Aulnoye, sont peu couronnées de succès. Certains en effet ont été disloqués à Avesnes, d'autres, comme le I/39, se retrouveront à Guise. Le 18, certains éléments d'état-major rejoindront le poste de commandement, entre autres le colonel chef d'état-major qui, dans son itinéraire, va rencontrer le Général commandant la 9ᵉ Division, privé de son état-major qui a été fait prisonnier; il se mettra à sa disposition pendant toute la journée du 17.

Ainsi les quelques éléments de la 5ᵉ Division qui ont pu être regroupés, passeront, le 17, sous les ordres de la 1ʳᵉ Armée. Il n'y a plus ni contact avec la 9ᵉ Armée, ni mission remplie pour elle. Il n'y a plus de 2ᵉ Corps.

VII. — ORDRES DONNÉS AUX DIVISIONS CUIRASSÉES ; LEURS MOUVEMENTS ET COMBATS DANS LA JOURNÉE DU 16

(1ʳᵉ Division Cuirassée, 2ᵉ Division Cuirassée, 1ʳᵉ Division Légère Mécanique)

Le G. Q. G. n'avait rien su des conditions de l'engagement de la 1ʳᵉ Division Cuirassée, le 15. Le G. A. 1 pas beaucoup plus. On ignorait tout autant la situation exacte du regroupement de la 2ᵉ Division Cuirassée dont les chars avaient été embarqués sur voie ferrée, dans la région du camp de la Haute-Moivre (est de Châlons) et qui, dirigée d'abord sur la 1ʳᵉ Armée, avait été variantée à destination de la 9ᵉ Armée.

Du G. Q. G. on envoya, dans la nuit du 15 au 16, le général Delestraint, de l'inspection des chars, vérifier la situation des deux divisions cuirassées (1ʳᵉ et 2ᵉ). Quelques-uns des trains, sur lesquels avaient été embarqués les chars de la 2ᵉ Division Cuirassée, avaient été arrêtés, en cours de route, par suite d'une interruption de voie ferrée à Busigny (5 km. nord de Bohain); et l'on avait débarqué ces chars à pleine voie. Leurs commandants de bataillons ou de compagnies reçurent l'ordre de se porter aussitôt sur le Canal de l'Oise à la Sambre. Quant au gros des chars de la 2ᵉ Division Cuirassée, il se trouvait débarqué au Nouvion (15ᵉ Bataillon de Chars B 1), à Etreux (14ᵉ et 27ᵉ Bataillons de Chars H 39), à Hirson (8ᵉ Bataillon B 1). Par une circonstance fâcheuse, le Commandant de la 2ᵉ Division Cuirassée et ses éléments sur route manquaient : c'est qu'en effet ceux-ci avaient été bousculés par l'avance allemande vers l'Aisne, et le général Bruché les regroupait au sud de l'Aisne (P. C. à Roizy le 16 mai). Pendant ce temps, le général Giraud a mis la main sur les bataillons débarqués au nord de l'Oise, et va les utiliser.

Le général Delestraint se rendit au P. C. du G. A. 1 à Caudry (10 km. à l'ouest du Cateau), le 16 vers 11 heures. Le général Billotte fut mis par lui au courant de la situation de la 2ᵉ Division Cuirassée, mais manifesta l'étonnement où il était, de ne rien savoir de la 1ʳᵉ qui avait l'ordre de se porter au nord d'Avesnes, et d'y contre-attaquer. Il invita le général Delestraint à aller réitérer cet ordre de contre-attaque, et celui-ci put, le 16 dans l'après-midi, savoir enfin, par des officiers isolés, que la 1ʳᵉ Division Cuirassée avait livré un rude combat et que ses vestiges (quelques chars et le 5ᵉ Bataillon de Chasseurs) se repliaient de Beaumont sur Solre-le-Château. L'ordre, parti du G. A. 1 le matin, venait d'y parvenir, prescrivant à la 1ʳᵉ Division Cuirassée de se porter en direction d'Avesnes-La Capelle, pour dégager la région Hirson-Sorbais, et de pousser jusqu'à l'Oise pour protéger le débarquement d'une division (il s'agissait de la 9ᵉ).

Tandis que le 5ᵉ Bataillon de Chasseurs s'installait

224   DÉFENSE DE LA POSITION FRONTIÈRE

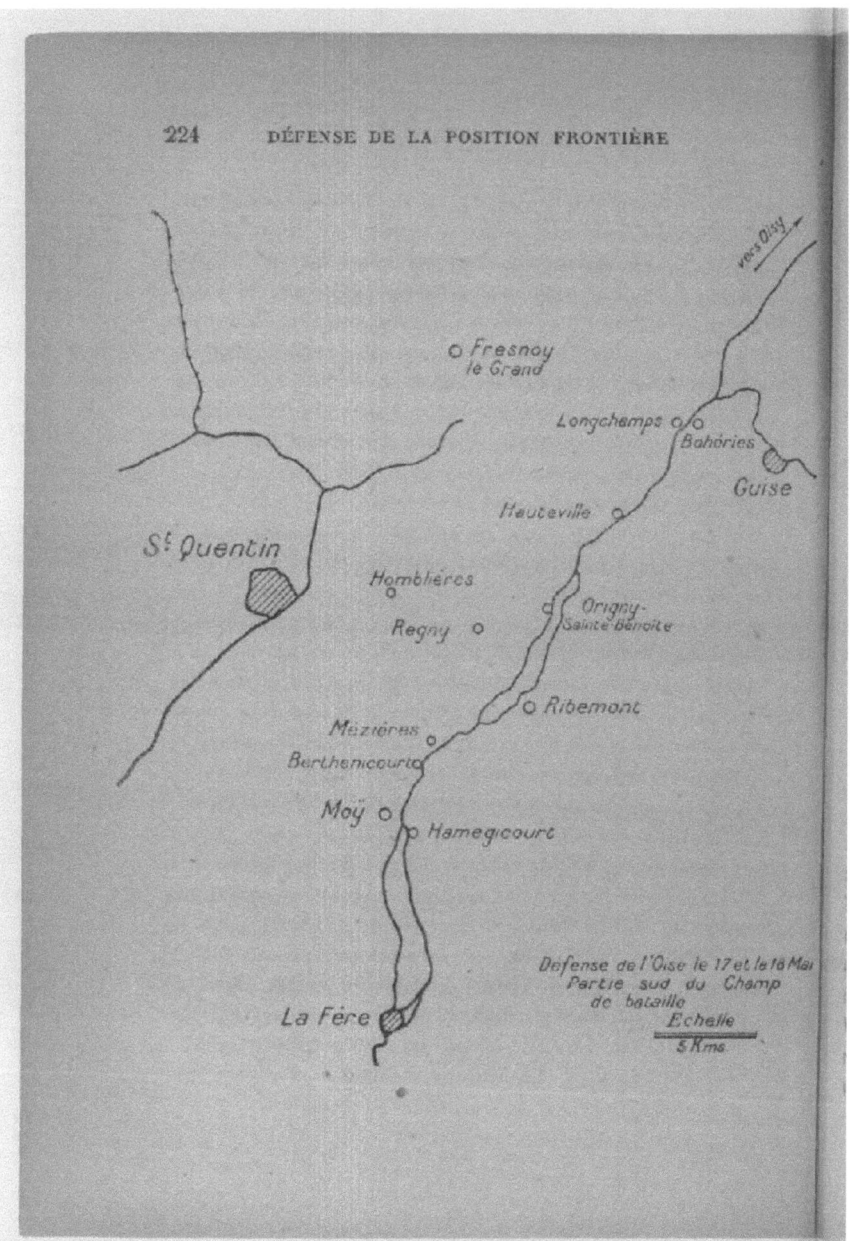

Défense de l'Oise le 17 et le 18 Mai
Partie sud du Champ
de bataille
Echelle
5 Kms.

sur la position fortifiée en avant de Solre-le-Château, les quinze chars disponibles partaient sur La Capelle; quelques-uns dépassent Avesnes au début de la nuit, d'autres y sont encore au moment où le détachement blindé allemand qui s'était infiltré au sud de Solre, y arrive, les surprend et les détruit. On se rappelle que ce même détachement avait aussi surpris et mis en désordre un groupe d'artillerie (305º Régiment d'Artillerie tous terrains) de la 1ʳᵉ Division Cuirassée, qui bivouaquait à l'ouest de Beugnies. Le P. C. de la division, installé à Semousies (5 km. nord-est d'Avesnes), le 16 à 19 heures, dut en partir sur Aulnoye. Le 5ᵉ Bataillon de Chasseurs à Pied, qui quittera la position fortifiée le 17 au matin se battra encore en forêt de Mormal; trois chars se battront dans Maubeuge, et ce sera la fin de la 1ʳᵉ Division Cuirassée.

Revenons aux éléments disponibles de la 2ᵉ Division Cuirassée, sur lesquels la 9ᵉ Armée a mis la main, comme elle en avait l'ordre. Dans la nuit du 15 au 16, le général Giraud, à son P. C. de Vervins, donne lui-même ses instructions au 15ᵉ Bataillon pour se porter au lever du jour du Nouvion, sur Marle, par Sains, et attaquer de part et d'autre de la Serre, en direction de Montcornet-Rozoy. Cette attaque a lieu; elle rejette au cours de la matinée quelques détachements blindés ennemis, et atteint Montcornet à 11 heures. Un nouvel ordre du général Giraud appelle nos chars à l'est de Vervins, mais le bataillon se reporte à Marle pour se ravitailler en essence, et dans l'après-midi, s'en va vers l'ouest jusqu'à Origny-Sainte-Benoîte, et même

Homblières, sur la route de Saint-Quentin. De là, sur ordres émanant sans doute de l'état-major de la 2ᵉ Division Cuirassée, il ira participer ultérieurement à la défense du Canal Crozat et disparaît ainsi de l'orbite de la 9ᵉ Armée. Restaient comme chars de la 2ᵉ Division Cuirassée, ceux qui avaient été placés à la défense des ponts de l'Oise et du canal. Cinq compagnies de chars H, des 27ᵉ et 14ᵉ Bataillons, se trouvent sur les ponts, entre Oisy et La Fère. Il s'y ajoute le 8ᵉ Bataillon de Chars B. Tous ces éléments barrent l'Oise depuis le 16 à midi, et s'y battront, comme on va le voir, toute la journée du 17; les combats les plus violents auront lieu à Moy, Mézières et Berthenicourt.

Quant à la 1ʳᵉ Division Légère Mécanique, qui avait été poussée le 12 jusqu'à la région de Turnhout, elle n'avait pu être regroupée autour d'Alost, que le 16 au matin; sa brigade de chars Somua, réunie le 14 aux environs de Lierre (1), avait été mise à la disposition de la 1ʳᵉ Armée, à qui le G. A. 1 prescrivit de la rendre dans la nuit du 15 au 16, et de la diriger sur La Capelle. Ce n'est que le 17 que les premiers éléments de la 1ʳᵉ Division Légère Mécanique venant de Belgique apparaîtront au sud de Valenciennes. Ce n'est que le 18 qu'elle sera regroupée.

---

(1) Cette brigade, transportée par voie ferrée, n'avait pu dépasser Soignies à cause d'une défaillance du service de la traction des chemins de fer belges, sur le vu d'affiches prescrivant au personnel des mécaniciens de réintégrer leur domicile. Il y avait eu également un sabotage organisé pour bloquer les voies.

Tout ce récit montre comment toutes les grandes unités de chars de combat, que le Commandement supérieur avait mises à la disposition de la 9ᵉ Armée, et dont il pouvait penser qu'elle allait se servir le 17, étaient hors de cause, définitivement ou momentanément.

※

VIII. — ACTION DU COMMANDEMENT SUPÉRIEUR LE 17
ORDRES DONNÉS PAR LES GÉNÉRAUX BILLOTTE ET GIRAUD
DÉCISIONS PRISES PAR LE G. Q. G.

Le 17 mai, dès que la situation lui est connue, le général Giraud donne de nouveaux ordres. Au général Didelet, qui vient à son P. C. de Wassigny, à 8 heures du matin, il donne mission de se relier aux résistances de la forêt de Mormal, et de tenir le Canal de la Sambre entre Bohéries (4 km. à l'ouest de Guise) et Landrecies. Un peu plus tard, la limite droite de la 9ᵉ Division sera placée dix kilomètres plus au nord, à Vénérolles-Hannappes. Au général Martin, qui, venant du Nouvion, arrive à Wassigny, et complète le compte rendu qu'il avait expédié d'Etrœungt à minuit, ordre est donné d'aller organiser et tenir le secteur entre Landrecies et Berlaimont.

Ainsi l'ordre donné par la 9ᵉ Armée dans la nuit (1) avait prévu de n'atteindre la ligne de la Sambre, qu'au plus tard le 19. Dès maintenant il fallait y reporter notre front. Le général Billotte allait, d'ailleurs, confirmer cette décision.

N'étant pas parvenu au cours de la matinée à avoir une liaison quelconque avec le général Giraud, il avait pris le parti d'aller lui-même à sa recherche et avait pu avoir, avec lui, une conférence d'une bonne heure. « Nous nous sommes trouvés réunis, disait-il (en téléphonant dans l'après-midi au major général), pendant une heure, en première ligne, à quelque cent mètres d'engins allemands embossés, le Commandant du Groupe d'Armées et le Commandant de l'Armée », et il ajoutait : « Ces procédés de commandement ne valent rien. » Sa parole était comme à l'habitude brève et claire, son ton confiant, sa décision ferme et énergique.

Les ordres donnés là se trouvent confirmés dans l'instruction écrite, de 14 heures, où il prescrit aux 1ʳᵉ et 9ᵉ Armées de tenir ferme, sans esprit de recul, sur la Sambre, en amont de Charleroi, le Canal de la Sambre à l'Oise, et l'Oise. Un ordre particulier ultérieur précise les limites des deux Armées, et groupe le corps de cavalerie (2ᵉ et 3ᵉ Divisions Légères Mécaniques), qui tiendra les passages de la Sambre en aval de Berlaimont. Ce même ordre met la 1ʳᵉ Division Légère Mécanique à la disposition de la 9ᵉ Armée.

---

(1) Voir plus haut (§ 1).

De telles dispositions ne pouvaient plus aboutir à la manœuvre que le G. Q. G. avait compté réaliser, savoir les deux contre-attaques menées simultanément par la 9ᵉ Armée, du nord au sud, en partant de l'Oise supérieure, et par la 6ᵉ Armée, du sud au nord, en partant de l'Aisne, entre Rethel et Château-Porcien. Alors que la 6ᵉ allait déclencher le 17 au matin sa contre-attaque, la 9ᵉ n'était plus en mesure de mener la sienne. Cependant, de renseignements précis trouvés sur un officier d'état-major allemand, sous forme d'une carte portant des flèches, notre Deuxième Bureau concluait que l'offensive allemande avait pour objectif Calais, que l'ennemi comptait atteindre par des actions convergentes. Nous devions donc tout faire pour éviter une rupture au sud du G. A. 1, c'est-à-dire au sud de la 9ᵉ Armée. Le Haut Commandement n'avait, en dehors des contre-attaques prescrites, que deux possibilités : hâter l'arrivée des grandes unités qui devaient débarquer le 17 dans la région de Saint-Quentin; inviter le G. A. 1 à porter ses propres réserves sur son flanc droit et le plus au sud possible.

Dans la communication téléphonique déjà mentionnée entre le général Billotte et le major général, celui-ci insista pour que le G. A. 1 portât tout le corps de cavalerie sur Saint-Quentin. Le général Billotte en comprenait la nécessité, mais voulait s'en servir encore pour couvrir la retraite de la 1ʳᵉ Armée. On a vu qu'il prescrivit le rassemblement de ce corps sur la Sambre, en aval de Berlaimont; en même temps, il demandait aux Belges de relever deux divisions françaises (21ᵉ et 68ᵉ) et faisait diriger sur Douai la 25ᵉ Division Motorisée, qui appartenait à la 7ᵉ Armée.

Quant aux divisions attendues dans la région de Saint-Quentin, c'était, en première urgence, la 23ᵉ venant en deux colonnes par voie de terre, avec un courant complémentaire par voie ferrée. Partie d'Andelot (région de Chaumont) dès le 16, elle ne pouvait commencer à être regroupée dans sa zone d'arrivée que dans la nuit du 17 au 18. Devait arriver ensuite, selon les prévisions, la 3ᵉ Division Légère, préparée pour la Norvège, envoyée à Brest, puis revenue à Paris, où le gouverneur militaire en avait d'abord disposé; on se hâta de l'enlever en camions dans la soirée du 17; elle eut un retard malencontreux, parce que les routes, tout autour de Paris, étaient bouchées par des obstacles antichars, et qu'il fallut un long travail, au cours de la nuit, pour s'en libérer. Le résultat fut que cette division n'arriva sur le terrain que le 18 au matin, et, pour comble, fit ses débarquements en deçà du Canal Crozat. Enfin, l'on pouvait espérer que la 2ᵉ Division Cuirassée se regrouperait le 17 vers Saint-Quentin : on y rechercha vainement la présence de son quartier général et ce n'est que le 17 au soir, qu'on put savoir qu'il s'était placé bien plus au sud, à Cuy (5 km. à l'ouest de Noyon).

Le G. Q. G. s'était rendu compte, dès le matin du 17, que l'avance allemande, mal contenue de front et faiblement contre-attaquée sur ses flancs, allait pénétrer entre les 9ᵉ et 6ᵉ Armées. C'est là qu'il convenait d'organiser un commandement, qui prendrait en main l'afflux des réserves. Le général Georges, après approbation du général Gamelin, décida de retirer de Belgique l'état-major de la 7e Armée, puisque cet organe de commandement n'y avait plus sa raison d'être et d'appeler le général Frère à la tête de la nouvelle 7e Armée, qu'on groupait dans la zone d'Amiens-Chauny-Compiègne. Celle-ci comprendrait, amenés par des transports déjà en cours ou prescrits, trois Corps d'armée et onze divisions. Ces grandes unités étaient prélevées partie sur l'ancienne 7e Armée, partie sur les Groupes d'Armées 2 et 3. Toutes nos possibilités de mouvements étaient, depuis le 10, utilisées à plein rendement. Trois lignes de rocades ferrées, et toutes les rocades routières, débitaient, sans interruption, à leur rendement maximum.

Devaient ainsi arriver, en quatre lots successifs, de l'ancienne 7e Armée : 1er Corps d'armée et 21e Division; du G. A. 2 : 23e Division, 4e Division d'Infanterie Coloniale, 11e Division, 7e Division d'Infanterie Coloniale, 45e, 35e Divisions; du G. A. 3 : 7e Division Nord-Africaine, 19e Division, 5e Division d'Infanterie Coloniale, 27e Division.

Quelques variantes seront faites dans les derniers lots : 54e et 27e iront à la 6e Armée; 35e, à la 2e; par contre, les 29e, 87e, 47e, 24e, 16e, 13e, 31e et 40e rejoindront la 7e Armée (dédoublée bientôt en 7e et 10e), entre le 20 mai et le 4 juin.

Mais le 17 mai, il ne pouvait s'agir encore que de couvrir cette future concentration : on voit tout le prix qu'il fallait attacher à maintenir un front cohérent, qui n'était formé, pour le moment, que par les 9ᵉ et 6ᵉ Armées.

A la 9ᵉ Armée, le général Giraud va donner tous ses efforts personnels au maintien de cette couverture. Il y parviendra dans la journée du 17.

**

IX. — LA RÉSISTANCE SUR LA POSITION FRONTIÈRE COMBATS DE LA JOURNÉE DU 17

(22ᵉ Division, 4ᵉ Division Nord-Africaine, 1ʳᵉ Division Nord-Africaine, 101ᵉ Division de Forteresse)

La nuit du 16 au 17 fut calme. Sauf l'incident de Solre, où la position frontière fut traversée aux environs de 20 heures, il n'y eut pas d'attaques allemandes. Mais dès le matin du 17, l'activité de l'ennemi se fit sentir.

22ᵉ Division — Dans la forêt de Saint-Michel, les éléments de cette Division, qui s'étaient regroupés et ressaisis, s'étaient installés dans les ouvrages. Ils n'y furent pas inquiétés d'abord. C'est ainsi que des portions du 62ᵉ qui s'étaient battues, le 16 au soir, dans la Passe d'Anor, virent des blindés ennemis se déplacer devant la ligne principale de résistance sans faire effort sur elle. C'est à 15 heures seulement que l'infanterie allemande prend le contact par le sud de la forêt de Saint-Michel ; la position est vigoureusement défendue, et notre ligne tient bon sauf en de rares points. Des fractions du 116° se battront encore, dans les blocs, le 18 au matin. D'autres parviendront, après avoir été complètement débordées, à franchir les premières lignes ennemies, mais viendront se heurter, sur la route de Saint-Michel à Signy-le-Petit, à une suite ininterrompue de convois allemands.

Le 17, dans la journée, prévoyant que, si l'on était menacé d'encerclement complet, il faudrait « peut-être » sortir de la forêt de Saint-Michel, le général Béziers-Lafosse réunit ses colonels restés avec lui dans la forêt, pour leur exposer « en secret » qu'on utiliserait le seul passage paraissant libre, vers Mondrepuis, et qu'il le faisait garder par des chars. Ce repli se ferait éventuellement vers 19 heures. Peu après, — il était 11 heures, — on apprend que la trouée d'Anor est solidement tenue par le 25° Tirailleurs et on décide de « rester ferme ». Vers 18 heures, fortes attaques qui paraissent avoir suivi la chute d'Anor : on tient ! La nuit du 17 au 18 est tranquille. Le 18 mai, au lever du jour, patrouilles, puis attaques allemandes débouchant de tous les côtés, et venant frapper les ouvrages à leur gorge. Les blocs se rendent successivement entre 10 et 11 heures. Telle est la fin de l'infanterie de la 22° Division, pour celles de ses troupes qui ont pu prolonger leur résistance jusqu'au bout.

De l'artillerie de la division, le 18° Régiment est le

seul qui ait des éléments dans la région de la forêt de Saint-Michel. Le 218°, à peu près sans matériel, est parti vers le sud de Rumigny, et y a été fait prisonnier le 15, sauf des isolés retrouvés à Saint-Quentin et à Compiègne. Parmi les batteries restantes du 18°, certaines combattent près du village même de Saint-Michel et y sont détruites par une attaque de chars. Le 3° groupe, réduit à une batterie, prend position, le 16 après-midi, au nord-ouest d'Hirson pour soutenir la division légère de cavalerie qui doit attaquer. Dans la nuit, il se replie sur la forêt du Nouvion et au cours du 17, s'installe en appui des chars, sur le Canal de la Sambre à l'Oise, autour de Longchamps, d'après les ordres du général Giraud. Ces pièces antichars se replieront dans la nuit du 17 au 18 sur Bohain, et elles seront mises hors de combat au cours de ce repli.

Quant au P. C. de la 22° Division, qui était à Wimy le 16, il se trouve, au cours de la nuit du 16 au 17, transporté à Clairfontaine, puis au Terrier (nord de La Flamengrie). Le général Hassler traverse Avesnes vers 5 heures du matin, se rend à Wassigny auprès du général Giraud, qui le charge d'organiser la défense de Bohain. La 22° Division, définitivement dispersée, n'existe plus.

Aux côtés des restes de la 22° se trouvaient, le 16 au soir, les restes de la 1ʳᵉ Division Légère de Cavalerie. Le général d'Arras, après avoir poussé des éléments de reconnaissance au sud d'Hirson, affirme que des engins blindés ennemis sont déjà au pont d'Effry (6 km. ouest d'Hirson) ; un train d'essence, mis en travers du pont et incendié, y arrête, toute la soirée, l'avance ennemie. Vers 2 heures du matin, le général donne ordre à ses unités (1ᵉʳ Régiment d'Auto-Mitrailleuses, 5ᵉ Régiment de Dragons Portés, 75ᵉ d'Artillerie) de se porter sur La Capelle et Avesnes; c'est l'exécution d'un ordre reçu du 11ᵉ Corps et ainsi conçu : « Position enfoncée vers Anor. Repli. » En cours de route, à La Capelle, une entente est faite avec le général Sancelme, commandant la 4ᵉ Division Nord-Africaine. Celle-ci assurera la défense de La Capelle, tandis que la 1ʳᵉ Division Légère de Cavalerie défendra Avesnes. Le général d'Arras et son état-major y partent, mais trouvent des éléments qui se replient et « voient, à peu de distance, les phares des Panzer allemandes ». Revenant sur leurs pas, ils déroutent la division à Etrœungt, et la portent sur Le Nouvion, puis sur Wassigny, dont ils organisent la défense, sur les instructions mêmes du général Giraud (17 mai, 8 heures). Dans l'après-midi du 17, le 5ᵉ Dragons Portés, appuyé par des chars et de l'artillerie, a l'ordre de faire une contre-attaque partant d'Ors en direction de Landrecies. Elle ne débouche d'Ors que vers 20 heures, arrive à Landrecies, mais ne s'y maintient pas.

4ᵉ Division Nord-Africaine — Elle avait porté, le 16 au soir, le peu de monde qu'elle avait, sur la ligne d'arrêt de la Passe d'Anor et sur les lisières est du bois de Fourmies en arrière du village d'Anor. L'occupation se fait dans la nuit par le 25ᵉ Régiment de Tirailleurs Algériens.

Cependant, au carrefour du village, on trouve des éléments légers ennemis. Les commandants de compagnie signalent que l'ennemi a déjà fait sauter les portes des casemates : peu importe, ajoutent-ils, car les embrasures font le flanquement. On s'installe donc dans le fossé antichars. On se retranche autour d'Anor. Le 17 au petit jour, notre artillerie tire sur Anor; des Allemands sont signalés dans le village qu'on nettoie. A ce moment, l'ennemi a mis la main sur la ligne principale de la position frontière et arrive au contact de la ligne d'arrêt, que tient la 4° Division Nord-Africaine. A 11 heures, l'ennemi accentue les tirs d'artillerie et les pertes sont sérieuses. Le chef de bataillon qui commande à Anor, décide alors de tenter le repli (antérieurement prescrit) par le bois de Fourmies, en direction de La Capelle, puisque Mondrepuis se trouve déjà occupé par des éléments ennemis. A hauteur de Clairfontaine, vers 15 heures, surgissent deux vagues de blindés ennemis qui achèvent les restes du 25° Tirailleurs, alors qu'ils cherchaient à joindre le P. C. de la 4° Division Nord-Africaine, qui s'était installé définitivement à La Capelle.

A partir du 17 à 18 heures, on n'a plus de nouvelles de La Capelle, ni du général Sancelme. Il aurait été fait prisonnier à 19 heures, à la suite d'une attaque d'une vingtaine de chars allemands. De l'artillerie de la division, il ne restait plus autour de La Capelle que quelques pièces du 33° et deux batteries du 233°. Ce sont celles-ci qui, le 17, en cours de repli, ont mis en

COMBATS DE LA JOURNÉE DU 17 247

batterie près de Wignehies et tiré sur la trouée d'Anor. Sur un nouvel ordre de repli, la 16ᵉ Batterie et une partie de la 17ᵉ gagnent La Capelle, Guise et Saint-Quentin, où l'épuisement des chevaux oblige à abandonner le matériel. La 2ᵉ Section de la 17ᵉ Batterie et la 18ᵉ Batterie sont, sans doute, tombées aux mains de l'ennemi dans la forêt du Regnaval.

Il faut noter ici que nous étions encore, le 17 à 11 heures, à Anor, et que nous n'avons perdu La Capelle que le soir du 17. Les blindés allemands ont trouvé Hirson libre le 17 au matin, trouvé Anor libre le 17 à midi. Ils n'ont fait tomber La Capelle que le soir.

1ʳᵉ Division Nord-Africaine — Le groupement Trabila, qui défendait Trélon, après une nuit calme, est violemment attaqué dès 6 heures du matin. La ligne des blocs est tenue, du nord au sud, par les 1ᵉʳ et 2ᵉ Bataillons du 28ᵉ, le 1ᵉʳ Bataillon du 27ᵉ, et à droite les 1ᵉʳ et 2ᵉ Bataillons du 5ᵉ occupent Ohain et le bois d'Anor. Importantes infiltrations vers midi. Vagues d'avions. L'ennemi progresse par les deux ailes, lisière sud de la forêt de Trélon et Ohain. On tient partout, quoique le 28ᵉ Régiment de Tirailleurs Tunisiens ait de grosses pertes.

C'est le 17 à 17 heures que le colonel Trabila décide la retraite, mais par des mouvements à faire de nuit. Tout le monde résiste sur place jusqu'à 20 heures, heure où commence le repli, qui se fait en ordre, avec comme lieu de regroupement la forêt du Nouvion,

238   DÉFENSE DE LA POSITION FRONTIÈRE

où tout le monde se repose quelques heures (le 18 entre 4 et 8 heures). On verra, par la suite, le rôle glorieux que vont jouer dans la défense du Canal de la Sambre, ces belles troupes. Dans le même temps, les 1ᵉʳ et 2ᵉ Bataillons du 5ᵉ, après avoir tenu Ohain et le bois d'Anor, se sont repliés à partir de 13 h. 30, et arrivent entre 19 et 20 heures à Rocquigny (4 km. à l'ouest de Fourmies). Ils y sont attaqués au milieu de la nuit, résistent, et se replient sur Catillon qu'ils traversent le 18 à 13 heures.

Reste le groupe de reconnaissance divisionnaire de la 1ʳᵉ Division Nord-Africaine, qui, dans la matinée du 17, fait filtrer ses éléments entre Solre-le-Château et Avesnes et organise un peu plus tard un bouchon à Berlaimont. Il n'eût pas été impossible, on le voit, de boucler les blindés allemands qui s'étaient si audacieusement lancés le 16 au soir sur Avesnes et Landrecies. Il eût fallu cependant que la position fortifiée restât solide face au gros des Panzer. Il eût fallu que la 101ᵉ Division de Forteresse se maintînt sur place et qu'on ne lâchât ni Trélon, ni Anor, ni Hirson.

101ᵉ Division de Forteresse La 101ᵉ était installée depuis le nord de l'étang de La Galoperie jusqu'à Maubeuge inclus (1). Elle avait deux régiments, le 87ᵉ et le 84ᵉ. C'est celui-ci qui, tenant la droite du secteur, se joignait à la gauche de la 9ᵉ Ar-

---

(1) Elle était commandée par le général Béjard et comprenait : le 84ᵉ R.I.F., le 87ᵉ R.I.F., le 166ᵉ Régiment d'Artillerie de Position. Elle est rattachée au 5ᵉ Corps et à la 1ʳᵉ Armée.

mée. Les trois bataillons du 84° s'échelonnaient, le 1ᵉʳ Bataillon de part et d'autre de la Sambre, le 2ᵉ à cheval sur Solre-le-Château, le 3ᵉ englobant la trouée de Liessies. C'est ce dernier bataillon qui nous intéresse particulièrement. Son P. C. était à Ramousies (4 km. à l'ouest de Liessies); le P. C. du 84°, à Damousies (6 km. au sud-est de Maubeuge); le P. C. de la 101ᵉ Division, à Hautmont (5 km. sud-ouest de Maubeuge).

Dans la journée du 15, le 301ᵉ Régiment d'Artillerie Portée avait été envoyé par la 1ʳᵉ Armée pour renforcer le 84ᵉ; il était en position le 16, avec son groupe de droite près de Dimont. Dans la nuit, ce groupe voit arriver les blindés ennemis à proximité de son P. C.; il exécute un tir, après quoi, dit-il, « le calme est complet, les engins ennemis sont au repos ». Cette même nuit, les batteries de G. P. F. de Damousies sont indiquées, par différents rapports, comme effectuant des tirs, à plusieurs reprises. Cependant, dès le 17 au matin, un mouvement de repli de l'artillerie est amorcé, et le 301ᵉ par échelons se regroupe le soir à Englefontaine, à l'ouest de la forêt de Mormal; le groupe de Dimont ira même jusqu'au Catelet.

C'est que la 101ᵉ Division, qui dépend de la 1ʳᵉ Armée, a reçu de celle-ci des instructions qui amorcent son repli. Son poste de commandement quitte Hautmont le 17 au début de la nuit, pour aller à La Longueville. Auparavant, des ordres ont reporté vers l'arrière des éléments divers qui stationnaient au sud de la Sambre (troupes du génie); mais le général Béjard fait installer un centre de résistance à Hautmont, où il laisse une garnison. Quant aux bataillons placés sur la position même, une partie de leurs éléments ont été repliés; mais, dans certains ouvrages, et notamment les grandes casemates, la résistance va se prolonger pendant cinq ou six jours. Il semble toutefois qu'à Solre-le-Château, la porte se soit trouvée grande ouverte le 18 au matin.

Dans l'ensemble, le 17 au soir marque pour nous l'abandon de la position frontière à la suite d'ordres, qu'une connaissance complète de la situation eût sans doute, fait différer. La précarité des transmissions, la lenteur des liaisons ont contribué à masquer aux commandements locaux la situation réelle, telle que nous pouvons la reconstituer après coup. En fait, quelque énergiques et puissants qu'aient été les efforts des Allemands, pour prendre pied de vive force au delà de notre position, ils ne l'avaient pas encore rompue le 17.

Eût-il mieux valu concevoir l'organisation de cette défense, sous la forme de vastes centres de résistance analogues aux anciennes places de guerre, avec garnisons ayant ordre d'y soutenir un siège? Ceci n'est pas douteux, mais à la condition qu'il n'y eût pas, entre ces centres, de larges intervalles donnant libre passage à l'ennemi. Car tel est un des problèmes nouveaux que posent les attaques à base d'aviation et de chars : une position, dont les points faibles sont percés, ne subsiste que dans la mesure où des contre-attaques immédiates arrêtent toute progression profonde de l'ennemi. C'est dire que pour lutter contre les masses d'engins blindés, il faut disposer soi-même de masses comparables, et, pour les vaincre, de masses supérieures.

Affirmons à nouveau ici combien l'esprit de devoir animait nos troupes : elles l'ont prouvé, en tenant jusqu'à totale destruction, là où elles en eurent l'ordre. Elles ont été ruinées par l'extrême fatigue physique qu'entraînaient les replis successifs, avec marches ininterrompues, auxquels on avait vainement recours, devant un ennemi dont la vitesse de progression était de beaucoup supérieure.

***

X. — ORGANISATION DE LA DÉFENSE DE L'OISE ET DE LA SAMBRE [1]

(61ᵉ Division, 2ᵉ Division Cuirassée, 9ᵉ Division)

Voici, d'après des notes du général Giraud, comment il jugeait la situation, au cours de la matinée du 17.

« Vers minuit, très mauvaises nouvelles du 11ᵉ Corps, qui a abandonné la position frontière et se

---

(1) Pour la partie de la forêt de Mormal comprise entre Landrecies et Berlaimont, et dont la défense incombait à la 9ᵉ Armée, nous verrons l'ensemble des événements, et le rôle joué par une partie de la 1ʳᵉ Division Nord-Africaine et de la 4ᵉ Division au cours du chapitre VI.

replie, partie sur Avesnes, partie sur La Capelle, suivi de près par l'ennemi. Aucun renseignement du 2ᵉ Corps. Je maintiens l'ordre de résister à tout prix sur la ligne Sambre-Oise. »

Cette décision prise, il donne à 7 heures au général Didelet et à 9 heures au général Martin, venus à Wassigny l'un et l'autre, les ordres que nous avons vus précédemment.

Ce n'est que vers 10 heures que le général Giraud apprend, par une reconnaissance d'avions, que les agglomérations de Fourmies, d'Anor, de Mondrepuis tiennent toujours, que le général Sancelme a son P. C. à La Capelle, où il est vivement pressé, tandis que les lisières est et sud de la forêt du Nouvion sont toujours à nous, ainsi que le cours de l'Oise entre Etréaupont et Guise. Mais c'est aux ailes que la situation paraît aller mal. Les chars ennemis sont à Landrecies et la 61ᵉ, à qui la 9ᵉ Armée avait prescrit de tenir dans la région Sains-Richaumont, au sud de Guise, n'est plus là. Il ne reste, pour couvrir la droite, que les chars de la 2ᵉ Division Cuirassée. Un peu plus tard, à 11 heures, à l'arrivée du général Bruneau, on apprend que la 1ʳᵉ Division Cuirassée n'existe plus!

On peut dire de ce qui précède, que la situation est très clairement connue et jugée, le 17 à midi, par le général Giraud. A 14 heures, il pourra en faire un tableau précis au général Billotte. Voici comment s'est fixée, dans les souvenirs du Commandant de l'Armée, cette réunion avec son chef; on a pu lire plus haut (§ VIII) les impressions du général Billotte.

DÉFENSE DE L'OISE ET DE LA SAMBRE

« A 14 heures environ, arrive le général Billotte, assez énervé de ne pas recevoir de nouvelles. Je le mets dans l'ambiance, en lui disant combien ma droite me préoccupe. J'ai l'impression de tenir entre Guise et Landrecies, mais ne sais rien sur la trouée entre Guise et La Fère. Il peut s'y infiltrer des éléments très importants que je suis incapable d'arrêter. Il m'assure de l'arrivée imminente de la 23ᵉ Division dans la région de Saint-Quentin et de la 1ʳᵉ Division Légère Mécanique vers Solesmes. Si ces divisions arrivent à temps, j'espère pouvoir tenir sur la ligne Oise-Sambre. »

Reprenons, division par division, le cours des événements du 17, sur l'Oise et la Sambre.

61ᵉ Division — Nous avons vu comment la 61ᵉ Division s'était trouvée, le 15 au soir, dispersée, et par quel concours de circonstances le général Vauthier, qui la commandait, était à Brunehamel (10 km. sud d'Aubenton), alors que son état-major était à Vervins et que les Allemands sillonnaient la route Liart-Rozoy. Le 16, est donné à la division, comme centre de regroupement, Sains-Richaumont; on parvient à y rassembler trois ou quatre cents hommes et quelques canons. Le 41ᵉ Corps a porté son P. C. successivement à Braye (sud-est de Vervins) le 15, à Villers-lès-Guise le 16. Dans la nuit du 16 au 17, le 41ᵉ Corps apprend qu'il ne fait plus partie de la 9ᵉ Armée et qu'il doit se rassembler dans la forêt de

Villers-Cotterets. Le 17 au soir, le Corps d'armée est à Bellenglise (10 km. sud du Catelet) et la 61ᵉ à Aisonville (sud de Bohain). Le 18, les deux seront à Villers-Cotterets. Il n'y avait, pour la 9ᵉ Armée, rien à attendre de ces faibles éléments.

2ᵉ Division Cuirassée A la 2ᵉ Division Cuirassée (1), les compagnies de chars H et B réparties le long de l'Oise, se battent toute la journée du 17. Elles résistent d'abord partout, sur les ponts. A 9 heures du matin, les Allemands font une brèche dans le dispositif en forçant les ponts de Ribemont. De là, ils cherchent à déborder la défense en se rabattant vers le nord, par Regny jusqu'à Hauteville et vers le sud, par Mézières. Nos chars font plusieurs contre-attaques, et arrêtent la progression de l'ennemi. C'est seulement à 16 heures que les Allemands parviennent à refouler les défenseurs des trois ponts voisins, de Moy, Berthenicourt et Mézières. C'est aussi à 16 heures qu'une attaque allemande très violente s'étend à Longchamps et sur les passages au nord.

Il semble que dès le 17 au soir, le Général commandant la 2ᵉ Division Cuirassée qui s'était trouvé complètement séparé de ses éléments combattants (voir

---

(1) Il s'agit ici de troupes appartenant à cette division, mais non de son commandement, coupé, comme on l'a vu, de ses subordonnés.

DÉFENSE DE L'OISE ET DE LA SAMBRE 245

paragraphe VII), ait essayé de les regrouper. Ce regroupement se fait très au sud, à Cuy, entre Lassigny et Noyon. Le général Giraud cherchera vainement, pendant toute la journée, à trouver et faire venir à lui le général Bruché, commandant la 2ᵉ Division Cuirassée.

9ᵉ **Division**   La 9ᵉ Division, qui était éparse le 17 au matin, avait au cours de la journée pris un dispositif cohérent. La colonne automobile qui amenait son infanterie, dans la nuit du 16 au 17, avait comme itinéraire (après avoir été variantée à Valenciennes) Le Quesnoy-Englefontaine-Landrecies-Le Nouvion. Une partie de la colonne avait dépassé Landrecies lorsque les engins blindés allemands venant d'Avesnes y arrivèrent à 5 heures du matin. Cette partie comprenait le 13ᵉ Régiment (moins un bataillon), le 95ᵉ (deux bataillons). Une autre partie s'y présentait, c'était un bataillon du 95ᵉ et, venant derrière lui, le dernier bataillon du 13ᵉ, décalé dans la colonne, et le bataillon de tête du 131ᵉ. Ces trois bataillons n'ayant pu être déroutés, débarquèrent sur place à proximité de Landrecies. Enfin la queue de colonne (gros du 131ᵉ) fut variantée en temps utile; mais il fallut retrouver ces bataillons, qui avaient été portés sur Solesmes.

Cette situation de fait explique comment se trouvaient groupés : au nord de Landrecies, trois bataillons de la 9ᵉ Division; un au sud-est de Bousies, un à Croix-Caluyau, un à Croisette (sud-ouest de Croix-

Caluyau). Le Commandant de l'infanterie divisionnaire les avait placés de façon à tenir le terrain, face aux blindés qui se montraient à la lisière du Bois-l'Evêque. Ils étaient encore dans ce dispositif le 17 au soir.

Ce même soir, le 95° (moins un bataillon) était aux lisières est du Cateau, et son front se raccordait au Canal de la Sambre au nord du pont d'Ors. Il occupait Catillon, où était le P. C. du colonel. L'un de ses deux bataillons avait été varianté au sud de Landrecies, l'autre avait été ramené de la forêt du Nouvion. Le Colonel commandant le 95° avait aussi pris sous ses ordres un bataillon du 5° Tirailleurs Marocains et des portions du 28° Tirailleurs Tunisiens et du 82° Régiment d'Infanterie. Il avait quelques canons antichars de 47 et de 25.

Au total, la 9° Division avait six bataillons déployés autour du Bois-l'Evêque et face à ses lisières, trois au nord, trois au sud (en y comprenant le bataillon du 5°).

Plus au sud, dans la journée du 17 et dans la nuit du 17 au 18, le 13° d'Infanterie (avec deux bataillons) vient tenir le canal entre Petit-Cambrésis et Vénérolles-Hannappes, P. C. du régiment à Etreux, les bataillons à Oisy et Vénérolles. Lui aussi, débarqué dans la forêt du Nouvion, s'en était replié, en agglomérant six compagnies appartenant aux 5° Régiment de Tirailleurs Marocains, 19° Régiment d'Infanterie, 23° Régiment de Tirailleurs Algériens, le Groupe de Reconnaissance Divisionnaire 91, une batterie du

54e Régiment d'Artillerie, et une du 30e Régiment d'Artillerie.

L'artillerie de la 9e Division était également en position. Un groupe du 30e s'était trouvé à hauteur même de Landrecies, quand les blindés ennemis y arrivaient. Il avait mis ses pièces en batterie, tiré sur les blindés et se trouvait en fin de journée déployé, en appui du 95e, avec de nombreuses pièces réparties en antichars. Des deux autres groupes de 75, l'un, qui avait dépassé Landrecies avec le 13e, était, au moins en partie, resté avec ce régiment, le dernier, qui s'était trouvé au nord de Landrecies, appuyait la fraction de la division qui était restée là.

Quant à l'état-major du 230e, arrivé au nord de Landrecies, posté derrière le bataillon du 95e, il avait été immédiatement dirigé par le Chef d'Etat-Major de la 9e Division sur Vendegies, où il s'installa. De ses deux groupes, celui de 105 fut repris par le général Didelet qui le mit en position d'abord au Petit-Caudry, puis vers l'Arbre de Guise (6 km. au sud-est du Câteau), en mesure d'appuyer le 95e; celui de 155 court, plus en retard dans la colonne, ne rejoignit Vendegies que tard dans la soirée. Il y prit position pour tirer sur Landrecies et le pont (1).

---

(1) Il y a contradiction sur ce point entre le récit fait par le colonel commandant le 230e et le rapport établi par le général Didelet, qui dit que ce groupe a fait de nombreux tirs dans la journée du 17, sur les points de passage des troupes ennemies se portant vers la rive ouest du canal.

Le soir du 17, quand le général Didelet vient à Wassigny, il peut rendre compte au général Giraud que sa division est prête à remplir la mission donnée. Cependant, le général Giraud écrit ceci : « Vers 17 heures, j'apprends que l'ennemi a forcé le passage de Landrecies et qu'il a lancé la valeur d'un ou deux escadrons blindés en direction générale du Cateau. Je prescris au Général commandant la 9ᵉ Division de chercher à détruire ces éléments isolés avant la nuit. On me signale en même temps des tentatives de passage du canal dans la région de Longchamps. Elles sont repoussées. J'ordonne de reprendre le pont de Landrecies par une attaque de nuit. Aucune nouvelle du Général commandant la 2ᵉ Division Cuirassée, que je fais chercher depuis ce matin à la première heure. »

C'est alors que se place l'attaque faite d'Ors sur Landrecies par une fraction de la 1ʳᵉ Division Légère de Cavalerie. Elle parvient jusqu'aux abords de Landrecies, mais ne paraît pas avoir été suivie par des éléments de la 9ᵉ Division.

Cette situation de la journée du 17 autour du Bois-l'Evêque était la suite naturelle de la surprise produite par l'arrivée d'engins blindés ennemis sur le parcours de la colonne de la 9ᵉ Division, le 17 à 5 heures du matin. Mais elle illustre singulièrement les formes inattendues que peut prendre le combat moderne.

La guerre, qui est la meilleure des écoles, montrait déjà, à l'évidence, la nécessité de doter organiquement toutes les divisions d'un nombre suffisant d'engins blindés, et d'avoir une aviation en mesure de les appuyer à la première demande de leur part.

CHAPITRE VI

PERTE DE LA SAMBRE ET DERNIERS COMBATS DE LA 9ᵉ ARMÉE
(18 et 19 mai)

I. — *DISPOSITIONS PRISES POUR LE 18*

La nuit du 17 au 18 fut calme; le 18 au matin, les premières impressions au G. Q. G. étaient meilleures. On y savait que nous tenions toujours La Fère et Chauny, que l'ennemi ne renouvelait pas ses attaques sur l'Oise depuis le lever du jour, enfin que des reconnaissances d'avions de la 6ᵉ Armée avaient constaté qu'il n'y avait que de très faibles éléments ennemis au sud de la route Marle-Montcornet. Il n'y avait eu, au cours de la journée du 17, qu'une douzaine d'interruptions sur les voies ferrées, c'est-à-dire moins que les jours précédents.

A ce moment, tous les transports avaient atteint leur maximum de rendement. On décomptait dix-sept divisions ou éléments organiques de Corps d'armée en cours de mouvement par voie de fer et, en même temps, un régiment d'artillerie lourde et cinq bataillons de chars. Sur les routes se trouvaient tous les éléments automobiles de ces mêmes grandes unités et quatre autres divisions faisant leur entier mouvement par voie de terre. Tout accourait au front menacé, et cet effort considérable se passait, à très peu près, normalement.

A la 9ᵉ Armée, régnait un optimisme que le général Giraud savait entretenir. A son P. C. avancé, il donnait le 18 mai, à 9 h. 45, un ordre général débutant ainsi :

1°) L'Armée s'est à peu près rétablie sur le Canal de la Sambre, des éléments tiennent encore la forêt du Nouvion.

2°) L'ennemi a pu faire passer le canal à quelques chars dans la région de Landrecies d'une part, dans la région de Longchamps d'autre part. Ces chars battent l'estrade entre Saint-Quentin, Bohain et Solesmes; ils ne sont pas accompagnés d'infanterie.

3°) L'instruction du Commandant de l'Armée n'a pas varié : tenir sur le Canal de la Sambre, en nettoyant la région à l'ouest du canal de tous les éléments ennemis qui s'y sont infiltrés.

L'ordre se poursuit par la fixation du dispositif. Mais ici, il y a, nous allons le voir par la suite, une réalité, assez différente de ce que prévoit l'Armée. Voici ce que dit le paragraphe 4.

Le dispositif de l'Armée sera le suivant :

a) A droite, le 2ᵉ Corps, comprenant sous son commandement la 23ᵉ Division, la 4ᵉ Division Nord-Africaine et la 1ʳᵉ Division Légère de Cavalerie, entre La Fère et Bohéries. P. C. : Fresnoy-le-Grand.

b) A gauche, le 11ᵉ Corps, prenant sous son commandement la 9ᵉ Division et la 1ʳᵉ Division Nord-Africaine. P. C. provisoire : Locquignol, jusqu'au 18 à 24 heures; P. C. définitif : Solesmes, à partir du 19 à 0 heure.

c) La 1ʳᵉ Division Légère Mécanique et la 4ᵉ Division Légère de Cavalerie, ce qui reste des 1ʳᵉ et 2ᵉ Divisions Cuirassées, à la disposition de l'Armée dans la région de Maretz. Et l'ordre se termine en fixant les P. C. : P. C. de l'Armée au Catelet, à partir du 18 à 13 heures; P. C. avancé : Wassigny.

Avant de suivre les événements de cette journée du 18, de la droite à la gauche, sur le front de la 9ᵉ Armée, faisons un tableau rapide des forces ennemies qui l'assaillent.

⁂

II. — *TABLEAU DE L'AVANCE ENNEMIE*

Ce sont toujours les Panzerdivisionen allemandes qui poursuivent leur offensive contre la 9ᵉ Armée. On peut schématiser leur mouvement, en disant que, placées face à l'ouest, elles s'avancent droit devant elles,

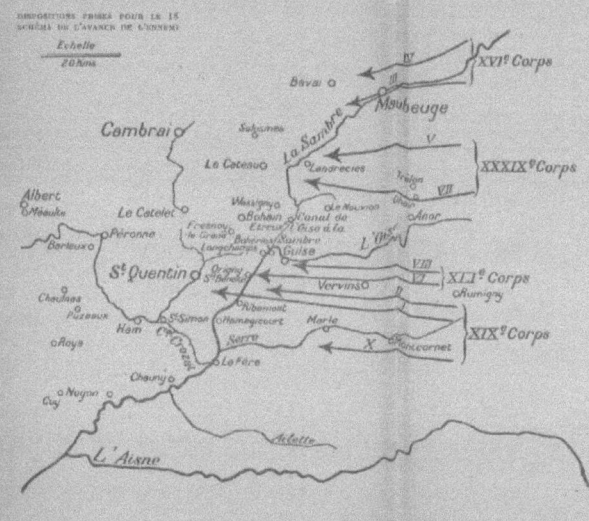

à la vitesse moyenne de trente à quarante kilomètres par jour. Ce sont là des étapes rapidement faites par des unités mécaniques, dès que le combat leur a ouvert la route, et qui leur laissent le temps d'entretenir et de réparer régulièrement le matériel.

Cependant les ordres de von Kleist, donnés le 17 à 7 heures, assignaient au gros de son groupement, pour cette journée, un bond de quatre-vingts kilomètres, de la région de Montcornet-Marle-Vervins jusqu'au Canal du Nord, c'est-à-dire jusqu'à la région Ham-Péronne. Celle-ci ne fut atteinte que le 19.

La marche du XIX° Corps blindé continuait, 1° Panzerdivision en tête ayant à sa droite la II°, et en arrière et à gauche, la X°. La 1° Panzerdivision abordait l'Oise par deux groupements, marchant l'un vers le nord de Saint-Quentin, l'autre vers le sud.

C'est le XLI⁰ Corps qui s'avance par Rumigny et Vervins, sur l'Oise qu'il doit atteindre entre Guise et Origny-Sainte-Benoîte; la VI⁰ Panzerdivision est à gauche, la VIII⁰ à droite.

Derrière le XIX⁰ et le XLI⁰ Corps, le groupement Kleist utilise le XIV⁰ Corps motorisé, dont les trois divisions seront déployées progressivement à partir de La Fère.

Au nord, s'est constitué le groupement Hoth, qui comprend le XXXIX⁰ Corps blindé (V⁰ et VII⁰ Panzerdivisionen, corps Schmidt), auquel se sont ajoutés le XVI⁰ Corps blindé et la XX⁰ Division motorisée. Il reçoit la mission générale de déborder nos armées du Nord en atteignant la ligne Maubeuge-Cambrai-Arras. La VII⁰ Panzerdivision atteint Froidchapelle le soir du 15; peut-être le détachement qui est passé par Solre le soir du 16, lui appartenait-il; ce sont ses troupes qui cherchent à forcer le passage à Trélon et Anor; elle a comme direction Le Cateau. Plus au nord, la V⁰ sera le 18 à Landrecies, Robersart, Bousies, passant au sud de la forêt de Mormal.

Le XVI⁰ Corps comprend les III⁰ et IV⁰ Panzerdivisionen qui, après s'être battues le 16 contre notre 1ʳᵉ Armée, sont en reconstitution le 17 dans la région de Charleroi; il a comme direction de marche la région de Maubeuge, que ses gros atteindront le 19. Tandis que l'une de ses divisions marche par le nord de la forêt de Mormal en direction de Bavai, l'autre pénètre dans la forêt, pour en faire tomber les défenses, et parer à une contre-attaque que les Allemands redoutent sur leur flanc droit. Cette mission remplie, l'ensemble du XVI° Corps se porte dans la région au nord de Cambrai.

※

III. — *MÉCOMPTES DANS L'ARRIVÉE DES RENFORTS ATTENDUS SUR LA DROITE*

A droite, le général Giraud fait état de la 23° Division. Dans le même temps, le général Frère la comprend également dans son dispositif, et le 18 vers 1 heure du matin, téléphonant de Roye où il s'est provisoirement installé, au général Jeannel, commandant la 23° Division, qui est à Noyon, lui prescrit : « La 23° Division s'installera sur la coupure Oise-Canal Crozat du confluent Oise-Ailette à Saint-Simon inclus, et recherchera sur l'Ailette la liaison avec la gauche de la 87° Division. » Ceci était d'ailleurs tout à fait conforme aux ordres reçus par le général Frère au G. Q. G., où le major général lui avait inscrit, sur une carte, cet emplacement comme front de la zone de débarquement de la 23°.

En avant et à gauche de la 23° devait venir la 3° Division Légère, et l'emplacement marqué pour elle sur la carte du général Frère comportait un trait figurant ses débarquements entre Puzeaux (est de Chaulnes) et Ham, et deux lignes bleues discontinues, indiquant ses deux destinations éventuelles, savoir la coupure de la Somme entre Saint-Simon et Saint-Quentin, ou le plateau entre Somme et Oise, des lisières nord de Saint-Quentin à Ribemont.

« Le sommet de l'angle que dessinent ces deux lignes, écrit le général Frère, est coiffé prudemment d'un point d'interrogation. » C'est qu'en effet le 17 dans l'après-midi la situation était incertaine au nord-est de Saint-Quentin. Au cours de la nuit du 17 au 18, le général Frère se trouvait à Roye. Après avoir quitté le G. Q. G., le 17 dans l'après-midi, il était passé par Compiègne, où il avait vu l'afflux d'isolés appartenant à la 9ᵉ Armée, les convois interminables de réfugiés, et le désordre qu'avaient aggravé quelques bombardements. Il avait rejoint Roye, par Montdidier, et y avait été rejoint par le général Duchemin, qui commandait la 3ᵉ Division Légère d'Infanterie.

Il se posa la question : où pousser la division Duchemin? « L'envoyer sur l'une ou l'autre des deux lignes bleues de la carte, Somme ou plateau entre Somme et Oise, c'est risquer d'abord de l'engager dans un combat de rencontre contre un ennemi dont la situation exacte m'est inconnue mais qui progresse rapidement avec des engins blindés, c'est risquer en outre de voir son flanc gauche tourné, car rien ne confirme la présence de la 9ᵉ Armée vers Saint-Quentin. C'est risquer enfin de n'avoir aucune possibilité de rétablissement sur la Somme, en aval de Saint-Simon, la 3ᵉ Division Légère d'Infanterie avec ses moyens réduits ne pouvant tenir simultanément plusieurs lignes étant donné le large front qui lui est imparti. Ce qu'il faut d'abord, c'est tenir indiscutablement les passages de la ligne d'eau, Somme de Ham-Canal Crozat. Quant aux lignes bleues, on ira... si on peut (1). » Et il prescrit : « La 3ᵉ Division Légère d'Infanterie poussant de nuit ses reconnaissances, en camions, jusqu'au plus près de la Somme, pour éviter l'action aérienne ennemie, s'installera sur la Somme de Saint-Simon (exclu) à Ham (largement inclus). Elle se tiendra prête à se porter, si la situation le permet, et sur un nouvel ordre du Général commandant l'Armée, sur la Somme de Saint-Simon, Saint-Quentin, où elle aurait la mission de tenir les ponts et de rechercher la liaison avec la 9ᵉ Armée. »

C'est ainsi que la mission de liaison, si essentielle qu'elle fût, devint une éventualité, que les différents risques énumérés obligèrent à reporter à plus tard.

Toutefois, le groupe de reconnaissance de la 23ᵉ devait reconnaître les lignes de la Somme et de l'Oise au profit de la 3ᵉ Division Légère d'Infanterie, mais cette dernière elle-même s'en tiendra à la solution prudente, et fera revenir derrière la Somme de Ham le 141ᵉ Régiment, alors qu'il était déjà en route sur Saint-Quentin. Pas plus que la 23ᵉ, elle ne cherchera cette liaison avec la 9ᵉ Armée que ne cesse de prescrire le G. Q. G.

---

(1) Général Frère, *Souvenirs de la 7ᵉ Armée* (mai-juin 1940).

Le 18 à 20 heures, un officier apporte l'ordre particulier n° 98, du général Georges, qui assigne au général Frère, comme préoccupation immédiate, de « se souder sur l'Oise à la droite de la 9ᵉ Armée, d'abord sur l'Oise, de La Fère à Hamégicourt, ultérieurement jusqu'à Ribemont, au nord ». Le même ordre annonce l'arrivée en camions, le soir même, de la 29ᵉ Division, dont la tête se présente à Compiègne. « C'était, écrit le général Frère, un ordre déjà périmé dans sa conception. » Il ne faisait cependant que reproduire les instructions données la veille. Dans ce laps de temps, les Allemands avaient profité du champ libre, puisque, dans l'après-midi du 18, la 2ᵉ Région faisait savoir à la 7ᵉ Armée (dont le P. C. est alors à côté d'elle, à Amiens) (1) que, vers 13 heures, les éléments régionaux défendant le pont de Péronne, bombardés par l'aviation allemande, ont cédé, que des pointes ennemies sont signalées allant vers Barleux, et apparaissent à Albert, et entre Albert et Méaulte.

Tout ceci montre qu'au cours de la journée du 18, rien ne viendra étayer la 9ᵉ Armée sur son aile droite. Le général Giraud, qui, sur ce que lui a dit le général Billotte, attend la 23ᵉ Division, cherche à l'atteindre et envoie au général Jeannel un appel laconique qui parvient à destination, mais auquel celui-ci ne peut, « la mort dans l'âme » (2), donner aucune suite.

---

(1) Le général Frère, partant de Roye, arrive à Amiens le 18 vers 5 heures ; il quitte cette ville pour aller à Breteuil, où il est à 20 heures.

(2) D'après les indications verbales données par le général Jeannel.

IV. — ORGANISATION DE LA DÉFENSE SUR LE CANAL DE L'OISE A LA SAMBRE

1re Division Légère de Cavalerie

Restait l'action qu'avait confiée le général Giraud au 2e Corps, avec la 4e Division Nord-Africaine et la 1re Division Légère de Cavalerie. Nous savons qu'il n'y avait rien à attendre du 2e Corps, — pas plus que de la 4e Division Nord-Africaine. La 1re Division Légère de Cavalerie, que notre récit a laissée le 17 au soir, regroupée à Wassigny et au bois d'Andigny, et montant, avec le 5e Régiment de Dragons Portés, une contre-attaque, qui vers 20 heures débouche d'Ors sur Landrecies, s'occupe spécialement d'organiser la défense de Wassigny au cours de la matinée du 18. « Le moral est très exalté, écrit le Chef d'Etat-Major de la division. Enfin on va tenir tête, et dans de bonnes conditions! La garnison est assez forte, et comprend, entre autres, quatre chars B. Nous déjeunons par petites tables, au P. C.; vers midi, un agent de liaison rend compte qu'à Ors le 5e Dragons Portés ne pourra plus tenir très longtemps. Le général m'envoie rendre compte au général Giraud. Je trouve dans le jardin du P. C. de l'Armée trois officiers de l'état-major de la 4e Division Légère de Cavalerie. A peine ai-je rendu compte au général Giraud, que celui-ci dicte à un officier de liaison de la 1ʳᵉ Division Légère Mécanique l'ordre pour celle-ci de contre-attaquer sur Landrecies. Il est environ 13 heures. Je finis mon déjeuner. Le 5ᵉ Dragons Portés, après avoir abandonné Ors sur ordre, et laissé la place à la 9ᵉ Division, arrive à Wassigny... Il est réduit à quelque cent hommes complètement à bout de forces, et reçoit l'ordre de se replier sur Bohain. »

2ᵉ Division Cuirassée Pendant ce temps, les débris de la 2ᵉ Division Cuirassée, que le général Giraud aurait voulu voir se rassembler vers Maretz, c'est-à-dire au nord-ouest de Bohain, étaient partis au sud du Canal Crozat. C'est de Cuy, où le général Bruché avait réuni ce qui restait de sa division, qu'il porte à nouveau, vers le Canal Crozat et l'Oise, deux compagnies, — mais celles-ci arrivent sur le canal à 20 heures le 18, s'y répartissent à différents ponts. Elles ne parviendront pas, le 19 au matin, à déboucher de Saint-Simon.

Vers 16 heures, le général Giraud prescrit au général d'Arras de porter son P. C. à Andigny-les-Fermes (entre Wassigny et Bohain) et d'y prendre sous son commandement ce qui reste de sa brigade à cheval (environ deux escadrons) et des éléments d'un régiment de tirailleurs, d'un régiment d'infanterie, et d'un bataillon régional, avec mission de couvrir l'Armée vers le sud. Ce crochet défensif est tout ce qui reste de la droite de l'Armée. Quand la nuit tombe,

DÉFENSE SUR LE CANAL DE L'OISE A LA SAMBRE 261

il y a déjà des chars allemands à l'entrée de Bohain; le général d'Arras n'arrive pas à établir ses liaisons; on organise Andigny, et la brigade à cheval tient la lisière sud de la forêt d'Andigny. Ainsi se passera la nuit du 18 au 19 (1).

Il n'y a donc rien, dans le cours de la journée du 18, qui s'oppose au mouvement des formations blindées allemandes, lorsqu'elles abordent le Canal de Saint-Quentin. Elles paraissent l'avoir franchi aux environs de midi.

Sur le Canal de l'Oise à la Sambre, la 9ᵉ Armée va, au contraire, résister avec vigueur. Au déploiement de forces qui s'était constitué le 17 dans l'après-midi, s'ajoutent des renforts qui proviennent des troupes repliées de l'avant.

1ʳᵉ Division Nord-Africaine — C'est en premier lieu le groupement Trabila de la 1ʳᵉ Division Nord-Africaine qui comprend deux bataillons du 28ᵉ réduits à 250 hommes chacun et le I/27ᵉ Bataillon, qui est presque au complet. Ces troupes se reposent d'abord dans la forêt du Nouvion, qu'elles ont rejointe le 18 vers 4 heures du matin, et vers 9 heures, se portent par La Queue de Boué sur Etreux, où elles passent l'Oise vers 19 heures.

---

(1) Le 19, dans la matinée, ce qui reste de la 1ʳᵉ D. L. C. se replie par Vaux, Maretz, Clary, Ligny, en direction de Cambrai. La plupart de ses éléments seront faits prisonniers.

Les deux bataillons du 5ᵉ Régiment de Tirailleurs Marocains qui avaient bien défendu Ohain et le bois d'Anor et n'avaient quitté la position le 17 qu'à 13 h. 30, après avoir reçu l'ordre de se replier, et ne l'avoir exécuté « qu'en pleurant » (terme même de leurs rapports), rejoignent Catillon, le 18 à 13 heures, après avoir eu, au milieu de la nuit, un combat à Rocquigny, avec de l'infanterie et des chars allemands. L'escadron à cheval du Groupe de Reconnaissance Divisionnaire 91, de la même 1ʳᵉ Division Nord-Africaine, passant, lui aussi, par la forêt du Nouvion, était venu renforcer, à Oisy, le 13ᵉ Régiment d'Infanterie. Le 1ᵉʳ Groupe du 54ᵉ avait, dès le 17 au soir, ses pièces réparties en antichars sur les ponts de la Sambre et à Wassigny.

Enfin des éléments de la 4ᵉ Division Nord-Africaine (23ᵉ Tirailleurs Algériens) participent également à la défense de l'Oise vers Vénérolles et au sud.

Le 18, dans la matinée, toute cette défense entre Vénérolles et le Petit-Cambrésis achève de s'organiser, Wassigny en forme le réduit. C'est un ensemble de points d'appui solides et dont certains tiendront encore le 19 et même le 20. Les chars ennemis bordent le canal dès le début de l'après-midi du 18. Mais c'est par le sud que se fera leur progression. Vers 15 heures, un détachement de chars du 14ᵉ Bataillon de Chars de combat, qui, après être resté à Etreux du 15 au 17, avait été porté à Tupigny, s'y bat contre des chars lourds allemands qui y ont forcé le passage. Hannappes, pris à revers, ne sera perdu qu'au cours de la nuit.

DÉFENSE SUR LE CANAL DE L'OISE A LA SAMBRE

Partout, dans cette fin de journée du 18, on se bat, et de nombreux engins allemands sont détruits. Nos chars sont ralliés vers Maretz, ils s'y battront encore le 19 toute la journée. Ce sera leur fin.

Le général Giraud, sachant sa position solidement établie dans la région de Wassigny, se fiant pour sa droite, aux chars de la 2ᵉ Division Cuirassée, est inquiet pour sa gauche, d'autant plus qu'il reçoit, le matin du 18, une carte envoyée par le général Didelet, prise sur un officier allemand, et situant deux divisions cuirassées sur le front Landrecies-Guise. Si le 17 au soir l'attaque faite sur Landrecies, bien que faiblement constituée (une section de chars, et un à deux pelotons de motocyclistes) avait pu, par la rive gauche de la Sambre, atteindre le pont, et pénétrer dans la localité, en y détruisant auto-mitrailleuses et fantassins, le 18 au matin, c'étaient les chars allemands qui se montraient devant Ors. Heureusement, il y avait l'espoir d'une contre-attaque puissante à demander à la 1ʳᵉ Division Légère Mécanique.

1ʳᵉ Division Légère Mécanique « Vers 7 heures, rapporte le général Giraud, arrive le capitaine de Saint-Salvit, officier de liaison de la 1ʳᵉ Division Légère Mécanique. C'est pour moi un précieux renfort. La division étant à Solesmes et la menace sur Le Cateau étant la plus grave, je lui donne l'ordre d'attaquer le plus tôt possible, avec toute la 1ʳᵉ Division Légère Mécanique, entre Le Cateau et la forêt de Mormal, pour prendre de flanc les unités ennemies qui attaquent de front Le Cateau. Les résultats de cette contre-attaque peuvent être énormes. Il faut qu'elle ait lieu le plus tôt possible! Le capitaine de Saint-Salvit repart immédiatement bien orienté. » Midi se passe, le général Giraud attend impatiemment la contre-attaque de la 1re Division Légère Mécanique qui tarde. Vers 16 heures, toujours rien! Le Commandant de la 9e Armée se résoud à gagner Le Catelet, pour y rejoindre son P. C. qu'il y avait envoyé le matin, conformément à l'ordre du Groupe d'Armées. En cours de route, dit-il, « je passe au P. C. du général Didelet, qui me déclare que le combat est dur, mais que ses régiments tiennent. Lui aussi attend impatiemment la contre-attaque du général Picard ». Nous verrons comment finira péniblement la nuit du 18 au 19 pour le général Giraud et le général Didelet.

***

V. — *DÉFENSE DE LA FORÊT DE MORMAL*

Que s'est-il passé, le 18, dans la région de la forêt de Mormal? Et comment cette contre-attaque tant attendue de la 1re Division Légère Mécanique n'a-t-elle pas eu lieu?

Le général Martin, commandant le 11e Corps, avait reçu mission dès le 17 de ramener, en forêt de Mormal, les éléments épars et de constituer un front sur la Sambre, entre Landrecies et Berlaimont, en portant son P. C. à Locquignol. En fait, il rejoignit le général d'Arras à Ors, y resta le 17 au soir, retourna à Wassigny le 18 au matin et, sur de nouveaux ordres du général Giraud, repartit par Le Cateau sur Jolimetz où il retrouva son P. C., qui avait évacué Locquignol. Avec son groupe de reconnaissance de Corps d'armée, il fit mettre en état de défense les débouchés est de la forêt de Mormal, et comprit, dans l'ossature de cette défense, des éléments de la 1re Division Légère Mécanique, auxquels s'était adjoint le 5e Bataillon de Chasseurs à Pied, refoulé de l'avant, et les éléments de la 1re Division Nord-Africaine débarqués tardivement et venant de l'arrière. Il se fixa à la citadelle du Quesnoy, où se trouvait déjà le général Dunoyer, commandant l'infanterie de la 5e Division, et où le général Tarrit, commandant la 1re Division Nord-Africaine, vint le rejoindre. Tout l'après-midi du 18, on se battit au débouché ouest des bois. L'artillerie allemande tirait sur Le Quesnoy.

La 1re Division Nord-Africaine, devenue le groupement Tarrit, avait comme dispositif :

Colonel du 27e et 2e Bataillon du 27e à Jolimetz, 3e Bataillon du 5e à Beaudignies (sud-ouest du Quesnoy), 3e Bataillon du 28e à Louvignies (sud du Quesnoy), 3e Bataillon du 27e opérant avec la 4e Division devant Pont-sur-Sambre (nous allons voir ci-après l'entrée en ligne de cette division).

1er et 2e Groupes du 54e, appuyant cette infanterie (le 3e Groupe du 54e est avec les bataillons de gauche de la 9ᵉ Division à l'ouest de la forêt de Mormal, vers Robersart).

Depuis Berlaimont (inclus), c'est à la 1ʳᵉ Armée

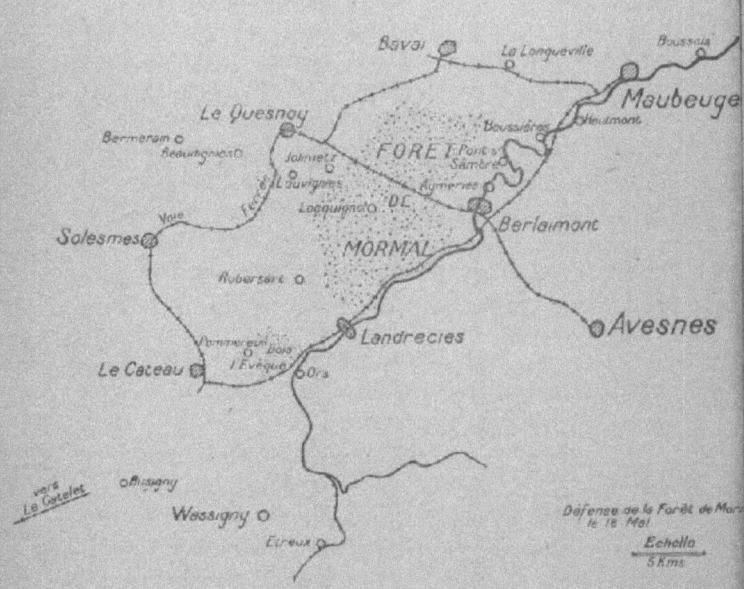

qu'incombait la défense de la Sambre, et celle-ci s'en était préoccupée dès le 16. La 4ᵉ Division (général Musse), qui allait arriver, avait été mise à la disposition du secteur fortifié de Maubeuge (général Béjard).

Le général Musse se rend le 16 au soir à Hautmont, P. C. du général Béjard, après avoir traversé Maubeuge en flammes. Il est demandé à la 4ᵉ Division de tenir les ponts de Berlaimont à Hautmont avec ses premiers éléments. L'escadron hippomobile du 12ᵉ Groupe de Reconnaissance de la 4ᵉ Division s'installe, dans la nuit du 16 au 17, aux ponts de Berlaimont et d'Aymeries. Il doit y être renforcé par la batterie antichars divisionnaire. Ce groupe de reconnaissance divisionnaire tient ferme les ponts, qui sont attaqués trois fois dans l'après-midi, mais vers 17 heures, après de fortes pertes, il croit nécessaire de se replier au nord de la forêt de Mormal. Cette initiative ouvre la porte aux Allemands (1).

Le P. C. de la 4ᵉ Division qui, de Berlaimont, s'était reporté sur Locquignol, finit par s'installer à Sebourg (12 km. au nord du Quesnoy). Quant à la 101ᵉ, son P. C. s'est installé le 17 au soir à La Longueville. Deux bataillons du 72ᵉ, débarqués dans la nuit, sont mis, par la 4ᵉ Division, aux ordres de la 101ᵉ et, avec le 3ᵉ Bataillon du 27ᵉ, sont dirigés le 18 mai à 6 h. 30 sur la Sambre, en trois colonnes, l'une sur Pont-sur-Sambre et Boussières, l'autre sur Hautmont, la troisième sur Maubeuge. Le Colonel commandant le 72ᵉ mène l'ensemble, qui doit se trouver sur la Sambre

---

(1) Le 17, jusqu'au soir, les débouchés est de la forêt de Mormal autour de Berlaimont furent tenus par un détachement de toutes armes qu'avait organisé le général Dunoyer (voir chap. V, § 2), et qui fut relevé par le 27ᵉ Tirailleurs (1ʳᵉ D. I. N. A.).

à 10 heures, tandis que des éléments de la 1re Division Légère Mécanique doivent nettoyer simultanément la forêt de Mormal. Cette opération ne donne pas tous les résultats escomptés, et les Allemands réussissent dans l'après-midi à passer la Sambre à Maubeuge. En fin d'après-midi, on apprend la chute de l'ouvrage de Boussois.

Dans la nuit, une colonne motorisée ennemie est signalée, se portant de la forêt de Mormal vers le nord. Afin de ne pas être coupé de sa division, le général Musse décide de retourner à Sebourg, en laissant au général Béjard le détachement dont il dispose. A ce même moment, à La Longueville, l'étatmajor du secteur fortifié de Maubeuge, persuadé de l'arrivée prochaine de l'ennemi, brûle ses archives. Tout ceci explique comment, le 19, c'est sur l'Escaut que s'installera le gros de la 4e Division.

***

VI. — *COMBAT DE LA 1re DIVISION LÉGÈRE MÉCANIQUE*

Que faisait cependant la 1re Division Légère Mécanique que nous avons vu être réunie, dans la nuit du 17 au 18, dans la région à l'ouest du Quesnoy ?

L'ordre du général Giraud, apporté par le capitaine de Saint-Salvit, arrive bien au P. C. du général Picard vers la fin de la matinée. « C'est, écrit celui-ci, un billet laconique et pressant. »

Le général Giraud ordonne une attaque, dès que possible, pour border la Sambre de Landrecies à Etreux. Le général Picard donne ordre « d'attaquer de part et d'autre du Bois-l'Evêque, attaque à 17 heures ». L'action devait être menée à droite par le colonel de Beauchêne, à gauche par le colonel de Causans. Sur demande faite par le colonel de Beauchêne, l'heure de départ est reportée à 18 h. 30. A l'heure fixée, seule, la gauche part à l'attaque, alors que la droite se maintient avec peine. Il y a de vifs engagements à la lisière de la forêt de Mormal (1), tandis que, face au Cateau, le front tenu par la 1ʳᵉ Division Légère Mécanique reste marqué par la voie ferrée Solesmes-Le Quesnoy, sur laquelle on se bat. Les retards successifs apportés à l'heure de l'attaque paraissent dus, pour une part, à ce qu'on attendit des éléments qu'avait utilisés et dispersés le général Tarrit. Ils ont eu pour conséquence de laisser aux Allemands le temps de se renforcer dans Le Bois-l'Evêque.

Nous avons vu que, le 17, une action sur Le Bois-l'Evêque se fût heurtée à de faibles forces ennemies. Le 18 dans la journée, la 1ʳᵉ Division Légère Mécanique agissant avec tous ses moyens eût peut-être obtenu un succès tactique, qui aurait arrêté l'élan des

---

(1) Un récit détaillé des belles actions autour de Jolimetz se trouve dans *Gestes français*, pages 806 et sq.

divisions cuirassées dans leur course vers Calais. En tout cas, elle eût dégagé nos centres de résistance, qui tenaient bon, de tous côtés.

Wassigny, où le colonel Trabila est tué le 20 mai, vers 16 heures, ne sera perdu que quelques heures plus tard. Pont-sur-Sambre, où la garnison est renforcée le 20 au soir, par dix chars Somua, tiendra jusqu'au 21. Au Quesnoy, encerclé par l'ennemi, une sortie est faite par un bataillon du 27ᵉ Tirailleurs Tunisiens et un bataillon du 5ᵉ Régiment de Tirailleurs Marocains. Elle échoue; le 19, une attaque allemande précédée d'un bombardement est repoussée. Le Quesnoy tombe le 21.

Le général Giraud avait, par son action personnelle, créé et galvanisé la défense de la Sambre. Comme il est permis de regretter qu'il n'ait pas pu aller lui-même, animer partout l'audace de ceux qui, sur ses deux flancs, auraient pu agir en temps utile! Il n'eut, avec eux, ni contact direct, ni transmissions, dans toute la journée du 18, où se jouait le sort de la 9ᵉ Armée. Bermerain, où était le P.C. de la 1ʳᵉ Division Légère Mécanique, est à vingt-cinq kilomètres de Wassigny, à vol d'oiseau, soit à moins de dix minutes en avion estafette. Deux jours plus tard, la maîtrise de l'air que possède l'ennemi n'empêchera pas le général Weygand d'aller en avion du Bourget à Norrent-Fontes (près de Béthune). Mais la surprise avait désorganisé nos ressources limitées, et il eût fallu tout improviser en quelques heures!

A toutes les époques de notre histoire militaire, il

a été nécessaire, pour mener les batailles, que le chef allât lui-même, prendre personnellement en certains points le commandement effectif. Fontenoy eût été une défaite, si le Maréchal de Saxe ne s'était fait hisser à cheval, pour aller lui-même faire exécuter sa contre-attaque. Bonaparte, en Italie, a porté le drapeau sur le pont d'Arcole. Plus tard, il multiplie, au cours de ses grandes victoires, l'envoi de ses aides de camp, qui vont prendre le commandement, en son nom, là où il le faut. Le destin ne lui permit pas de le faire, en temps utile, à Waterloo. Le général Giraud, modèle de vaillance et de clairvoyance, ne le put pas, le 18 mai.

*
* *

VII. — *DERNIERS MOMENTS DE LA 9ᵉ ARMÉE*

Le général Giraud avait quitté Wassigny à 16 heures, n'emmenant avec lui que deux officiers. Après être passé au P. C. de la 9ᵉ Division, il traverse Busigny, et constate que l'ennemi a des auto-mitrailleuses à tous les carrefours de la grande route de Cambrai au Catelet. La nuit venue, arrivé à dix kilomètres du Catelet, le petit groupe abandonne ses voitures et, après trois heures de marche à la boussole, atteint Le Catelet, qui brûle en partie. On s'y est battu tout le jour, au dire de deux maraudeurs allemands, qu'ils font prisonniers; et une compagnie de la Ire Panzerdivision s'y trouve cantonnée.

Au delà du Catelet, ils se heurtent à une grand-garde, échangent des coups de feu, se réfugient dans un bois, d'où le général les fait partir individuellement. Lui-même gêné par une ancienne blessure, s'arrête, au bord de la route de Cambrai, derrière une haie. Il voit, au point du jour, arriver, du sud, sur la route, une colonne de camions français (1), avec une auto-mitrailleuse en tête, qui ont contourné Le Catelet. Il monte dans l'auto-mitrailleuse, met hors de combat le premier char allemand rencontré, puis se heurte à trois chars. Il se jette dans une ferme isolée.

« Malheureusement, dit le récit du général, cette ferme est remplie de réfugiés qui nous ont probablement vendus aux premiers Allemands rencontrés qui les ont questionnés. En effet, quelques instants après, trois chars allemands cernent la ferme, tandis qu'une colonne importante stationne sur la route. Nous sommes rapidement découverts; j'estime qu'il est inutile de faire tuer les jeunes gens qui sont là, et je leur ordonne de ne pas tirer. Il est 6 heures; nous sommes prisonniers. » Et le général termine ainsi : « Mon commandement de la 9e Armée a duré du 15 mai 18 heures au 19 mai 6 heures. »

---

(1) Compagnie du génie de la 5e D.L.M. qui, partie vers l'ouest, a trouvé les routes barrées, et reflue.

DERNIERS MOMENTS DE LA 9ᵉ ARMÉE

*

Ainsi se terminent ces trois jours et demi de lutte où l'énergie d'un chef valeureux s'est vainement dépensée à raffermir notre résistance. S'il n'a pu arrêter l'envahisseur, il lui a du moins résolument fait face, avec tout ce qui restait de forces à la 9ᵉ Armée.

La 9ᵉ Division s'était battue vigoureusement le 18 ; elle tiendra tête à l'ennemi toute la journée du 19. Le récit qu'a fait, de sa résistance, le général Didelet, montre les belles actions, qui se sont passées là, et sont dignes des traditions de notre armée. Il convient d'en marquer ici les principaux traits.

Dès la nuit du 17 au 18, et sous l'impulsion du Commandant de l'infanterie divisionnaire (colonel Larcher), des éléments du 13ᵉ d'Infanterie se sont infiltrés dans Le Bois-l'Evêque. Une reconnaissance de chars est tentée sur Pommereuil. Des contre-préparations de 155 ont été faites sur le front du 95ᵉ, nos patrouilles ont franchi le canal, et ont pu rapporter un document essentiel, le plan de progression de la division cuirassée allemande. Le général Didelet sait que les deux axes de progression de l'ennemi vont se heurter à la 9ᵉ Division, au Cateau et à Catillon et modifie son déploiement d'artillerie en conséquence. Remettant la main sur les deux bataillons du 131ᵉ retrouvés à Solesmes, il les appelle en réserve vers Le Cateau.

L'ennemi attaque à la fois sur Catillon et Le Cateau

au cours de l'après-midi. Catillon tient bon. Le Cateau ne sera perdu que vers le soir. Quand le général Giraud passe au P.C. de la 9ᵉ Division à Molain, le général Didelet apprend de lui que des masses blindées adverses atteignent le Canal de la Sambre au sud vers Tupigny. « Nul doute, écrit le Commandant de la 9ᵉ Division, que cette masse allait foncer incessamment sur les petits éléments (un ou deux chars par pont de canal) que l'armée avait pu disposer, en rideau, devant cette redoutable menace. En ces circonstances, que pouvais-je faire? Rien d'autre que maintenir l'ordre que j'avais déjà donné à toutes mes unités : « Tenir sans esprit de recul. »

Le P.C. de Molain n'étant ni organisé, ni gardé, il est décidé de le porter à Bohain, où il y a une garnison bien installée et qui sera plus près du Catelet. « Sur ce, le général Giraud partit pour se rendre au Catelet, accompagné de son officier d'ordonnance. Il était comme toujours impassible et dominait la situation, bien que rien ne lui échappât de la gravité de celle-ci, et que même, il lui parût peu certain que nous nous reverrions. En me quittant, il m'adressa des compliments auxquels je fus très sensible, sur la manière dont ma division s'était battue dans la journée. »

Au soir, quand on part pour Bohain, la campagne est parsemée d'éléments ennemis qui font crépiter leurs mitrailleuses aux balles lumineuses et lancent des fusées. A Bohain, il n'y avait plus de troupes françaises, mais des patrouilles de blindés allemands.

Le 19, au petit jour, le général Didelet cherche

vainement s'il s'y trouve encore des nôtres, en état de résister. Il est blessé d'un éclat d'obus, s'assoupit derrière une haie. « Soudain, des bruits de voix me tirèrent de ma léthargie, je me retournai, j'avais une pointe de baïonnette sur la poitrine, un groupe de soldats allemands m'entouraient; l'un d'eux me saisit par le bras. J'étais pris! Cependant, même disparu, je continue d'être obéi. »

C'est, à Catillon, le 95e qui, encerclé dès le 19 au matin, résiste tout l'après-midi du 19 à des bombardements répétés, suivis d'assauts poussés jusqu'au contact. Vers 18 heures, les munitions manquent, le colonel brûle son drapeau, le combat dure jusqu'au bout.

C'est à Oisy, où le 13e détruit douze chars, arrête par ses feux les vagues d'infanterie, et le soir du 19, parvient à rejoindre Wassigny, où il se ravitaille, et renforce la résistance.

Au Gard, comme à Etreux, comme à Wassigny, on tient encore bon le 20. « Ce n'est que complètement épuisés et n'ayant plus de cartouches, que les quelques poignées d'hommes restés valides tomberont aux mains de l'adversaire. »

Le groupe de 105 de la division, qui a parfaitement organisé sa position de l'Arbre de Guise, repoussera le 20 une attaque de chars, et il faudra un siège en règle pour venir à bout de sa résistance.

Ce sont ces actes d'énergie et de vaillance qui marquent les derniers spasmes de la 9e Armée.

CONCLUSION

L'histoire militaire dira, plus tard, après avoir pesé les actes de chacun, s'il eût été possible d'éviter le sort funeste de cette armée qui, attaquée par des forces supérieures, chercha vainement à les retarder sur son front, tandis qu'elle voyait s'approfondir, sur un flanc, la brèche ouverte à Sedan, sans parvenir jamais à l'aveugler. Mieux eût valu, sans doute, coordonner ces efforts successifs d'une résistance désespérée, comme l'eût pu faire une armée rassemblée entre Saint-Quentin et Le Cateau, et qui eût groupé, sous ses ordres, toutes ces divisions valeureuses dont l'intervention a été éparse, 4ᵉ Division Nord-Africaine, 1ʳᵉ Division Nord-Africaine, 9ᵉ Division d'Infanterie Motorisée, 1ʳᵉ et 2ᵉ Divisions Cuirassées, 1ʳᵉ Division Légère Mécanique, auxquelles se seraient ajoutées la 4ᵉ Division à gauche, et la 23ᵉ à droite. Mais cette concentration, pour être efficace, eût dû être terminée le 16, c'est-à-dire décidée le 12. Ce simple énoncé des dates montre les impossibilités.

On pourra aussi, après coup, imaginer la manœuvre, qui eût consisté à maintenir sur la Dyle la 1ᵣₑ Armée, que l'ennemi n'avait pu entamer, à organiser un flanc défensif, à base de contre-attaques d'engins blindés le long de la Sambre, de Namur à Maubeuge, et à tenir ferme sur la position frontière Maubeuge-Hirson, au fond de la nasse. Mais ceci n'était plus concevable, efficacement, après la chute de Sedan, alors qu'aucune armée réservée n'était réunie, prête à s'opposer à la progression de l'ennemi sur l'axe Vervins-Saint-Quentin.

La logique fut, sur le moment même, d'essayer par des contre-attaques immédiates de rejeter ou de retarder l'ennemi. Ainsi furent tentées les contre-attaques prescrites, à la 2ᵉ Armée sur Sedan; à la 9ᵉ sur Houx; au Groupe d'Armées sur Vervins, par La Capelle; à la 6ᵉ Armée sur Vervins, par Montcornet. Elles échouèrent, moins par la lenteur de leurs préparatifs, que par la faiblesse de leurs moyens. Il est plus facile d'être prompt et audacieux, quand on a la supériorité du nombre et de l'armement, et qu'on est maître du ciel. En même temps que nous lancions ces coups de boutoir, nos moyens de transport, rappelons-le, amenaient, à pleine densité, par voie ferrée et par route, toutes les disponibilités.

Mais le temps manquait, pour qu'on rénssit à les assembler en fronts cohérents, alors que ni leur organisation ni leur armement ne permettaient de les jeter à la rencontre des divisions cuirassées de l'ennemi. Aussi, les 6ᵉ et 7ᵉ Armées, successivement créées pour maintenir la liaison avec la 9ᵉ Armée, ne purent que s'aligner, face au nord, derrière l'Aisne et la Somme.

Ces considérations montrent quelle estime il est juste d'avoir pour la vaillance de ces bataillons qui ont tenu ferme, jusqu'au bout, les îlots de résistance qu'ils avaient hâtivement constitués.

Elles montrent aussi, comme on l'a constaté, au cours de cet exposé, maintenant achevé, que notre Commandement, au milieu de tant de surprises et de déconvenues, a donné de nombreux et beaux exemples de chefs, qui n'ont voulu ni se laisser abattre, ni, moins encore, perdre l'espoir.

Que n'avait-on jadis écouté les paroles prophétiques du maréchal Foch, quand, en 1919, à la Conférence de la Paix, il avait déclaré à propos des clauses militaires du traité : « Les Anglais? Les Américains? Ils ne sont pas assez forts, ils ne pourront pas arriver assez vite, pour empêcher un désastre dans les plaines du Nord. Protégeons la France de la défaite; et libérons-la de la nécessité de ramener ses armées derrière la Somme, la Seine ou la Loire, pour attendre le secours de ses alliés. Le Rhin demeure aujourd'hui la barrière indispensable à la sécurité de la civilisation! » Et, comme le Premier Britannique lui posait la question : « Si les Allemands savaient que la Grande-Bretagne et les États-Unis d'Amérique étaient engagés à soutenir la France, croyez-vous qu'ils attaqueraient tout de même? — Ils n'hésiteraient pas à le faire, répondit le maréchal, s'ils étaient assurés, d'autre part, qu'il n'y avait pas de danger du côté de la Russie. »

Et M. Winston Churchill, après avoir rapporté ces propos (1), expose les pourparlers qui suivirent, et leur aboutissement que l'on sait. Il ajoute : « Les Français cependant demeuraient incrédules et inconsolables. Combien tout cela durerait-il? Qu'arriverait-il dans vingt, dans trente, dans quarante ans? Sans doute, personne n'attendait le recommencement de la guerre dans la période où la génération qui avait éprouvé ces horreurs resterait à la tête des affaires... Ces clauses de désarmement seraient efficaces pendant les années exemptes de dangers. Elles cesseraient d'agir au moment même où leur action deviendrait nécessaire. La rive gauche du Rhin, répétaient les Français, constituait la seule défense durable. » Tel est le rappel saisissant des vues profondes, et aussi des illusions des vainqueurs de 1918. N'est-il pas opportun de méditer les unes et les autres?

---

(1) Dans son ouvrage, justement célèbre, sur *La Crise Mondiale*, et dont le tome IV de la traduction française a paru en 1931 (Paris, Payot).

TABLE DES CROQUIS

On consultera avec fruit la carte Michelin au 1/200.000° n° 53 et aussi les cartes de l'Institut Géographique National : Maubeuge - Liége, Mézières - Longwy.

	Pages
Stationnement de la 9° Armée le matin du 10 mai.............................	38
Engagement et repli de notre cavalerie....	40-41
Mise en place de la 9° Armée (11-12 mai 1940)	62
Nuit du 12 au 13 mai. Journée du 13 mai aux 2° et 11° Corps d'Armée.........	84
Nuit du 12 au 13 mai. Journée du 13 mai au 41° Corps d'Armée................	96
Nuit du 12 au 13 et journée du 13. Entrée en action de la 53° division..........	102
Nuit du 12 au 13 et journée du 13. Action du commandement supérieur..........	107

Nuit du 13 au 14 et journée du 14 aux 2ᵉ et 11ᵉ Corps...............................	112
Nuit du 13 au 14 et journée du 14 à la droite de la 9ᵉ Armée (41ᵉ Corps)...........	119
Nuit du 13 au 14 et journée du 14. Action du commandement supérieur..........	128-129
Nuit du 14 au 15 et journée du 15 (2ᵉ et 11ᵉ Corps d'Armée). Engagement de la 1ʳᵉ D. C. R.	140-141
Nuit du 14 au 15 et journée du 15 au 41ᵉ Corps d'Armée...................	164-165
Nuit du 14 au 15 et journée du 15. Action du commandement supérieur. Journée du 16	174-175
Défense de la position frontière de l'Oise et de la Sambre le 17 et le 18 mai......	194-195
Défense de l'Oise le 17 et le 18 mai, partie sud du champ de bataille............	224
Dispositions prises pour le 18. Schéma de l'avance de l'ennemi.................	252-253
Défense de la forêt de Mormal le 18 mai..	266

Table des matières

PRÉFACE	12
CHAPITRE I - CONSIDÉRATIONS GÉNÉRALES SUR LES ARMÉES EN PRÉSENCE AU MOIS DE MAI 1940	14
CHAPITRE II - OCCUPATION DE LA MEUSE (10 au 13 mai 1940)	40
II. — ENGAGEMENT ET REPLI DE LA CAVALERIE	45
III. — DONNÉES GÉNÉRALES SUR LES MOUVEMENTS DE L'ENNEMI	59
IV. — MISE EN PLACE DU 2e CORPS D'ARMÉE	63
V. — MISE EN PLACE DU 11e CORPS D'ARMÉE	67
VI. — MISE EN PLACE DU 41e CORPS D'ARMÉE	73
VII. — TABLEAU DU TERRAIN D'ACTION ET DE L'ÉTAT DES TROUPES DE LA 9e ARMÉE	75
CHAPITRE III - LA BATAILLE SUR LA	85

MEUSE (13 et 14 mai 1940)

II. — NUIT DU 12 AU 13 MAI ET JOURNÉE DU 13 MAI AU 41e CORPS D'ARMÉE	97
III. — NUIT DU 12 AU 13 ET JOURNÉE DU 13 ÉVÉNEMENTS DE LA 2e ARMÉE ENTRÉE EN ACTION DE LA 53e DIVISI	103
IV. — NUIT DU 12 AU 13 ET JOURNÉE DU 13; ACTION DU COMMANDEMENT SUPÉRIEUR	108
V. — NUIT DU 13 AU 14 ET JOURNÉE DU 14 MAI, A LA GAUCHE DE LA 9e ARMÉE (2e et 11e Corps)	113
VI. — NUIT DU 13 AU 14, ET JOURNÉE DU 14, A LA DROITE DE LA 9e ARMÉE (41e Corps)	120
VII. — NUIT DU 13 AU 14 ET JOURNÉE DU 14 ACTION DU COMMANDEMENT SUPÉRIEUR	127
CHAPITRE IV - LE REPLI SUR LA POSITION FRONTIÈRE (15 et 16 mai 1940)	138
II. — NUIT DU 14 AU 15 ET JOURNÉE DU 15 ENGAGEMENT DE LA 1re DIVISION CUIRASSÉE	140
III. — NUIT DU 14 AU 15 ET JOURNÉE DU 15 AU 11e CORPS (18e Division, 4e Division	152

Nord-Africaine, 22e

V. — NUIT DU 14 AU 15 ET JOURNÉE DU 15; ACTION DU COMMANDEMENT SUPÉRIEUR	164
IV. — NUIT DU 14 AU 15 ET JOURNÉE DU 15 AU 41e CORPS D'ARMÉE	172
VI. — JOURNÉE DU 16 MAI	181
CHAPITRE V - LA DÉFENSE DE NOTRE POSITION FRONTIÈRE	191
II. — RAID ALLEMAND DANS LA NUIT DU 16 AU 17	194
III. — LA 9e DIVISION	198
IV. — LE 11e CORPS ET LA 1re DIVISION NORD-AFRICAINE	202
V. — ORDRE DE REPLI DU 11e CORPS	208
VI. — RETRAITE ET DISPERSION DU 2e CORPS (5e DIVISION)	215
VII. — ORDRES DONNÉS AUX DIVISIONS CUIRASSÉES; LEURS MOUVEMENTS ET COMBATS DANS LA JOURNÉE DU 16 (1r	219
VIII. — ACTION DU COMMANDEMENT SUPÉRIEUR LE 17 ORDRES DONNÉS PAR LES GÉNÉRAUX BILLOTTE ET GIRAUD DÉC	224
IX. — LA RÉSISTANCE SUR LA	229

POSITION FRONTIÈRE COMBATS DE LA JOURNÉE DU 17 (22e Division, 4e Division	
X. — ORGANISATION DE LA DÉFENSE DE L'OISE ET DE LA SAMBRE (61e Division, 2e Division Cuirassée, 9e D	238
CHAPITRE VI - PERTE DE LA SAMBRE ET DERNIERS COMBATS DE LA 9e ARMÉE (18 et 19 mai)	246
II. — TABLEAU DE L'AVANCE ENNEMIE	248
III. — MÉCOMPTES DANS L'ARRIVÉE DES RENFORTS ATTENDUS SUR LA DROITE	251
IV. — ORGANISATION DE LA DÉFENSE SUR LE CANAL DE L'OISE A LA SAMBRE	255
V. — DÉFENSE DE LA FORÊT DE MORMAL	260
VI. — COMBAT DE LA 1re DIVISION LÉGÈRE MÉCANIQUE	264
VII. — DERNIERS MOMENTS DE LA 9e ARMÉE	267
CONCLUSION	273
TABLE DES CROQUIS	277
TABLE DES MATIÈRES	279